Constitucionalismo e Cidadania

POR UMA JURISDIÇÃO CONSTITUCIONAL DEMOCRÁTICA

Coleção **Estado e Constituição**

Organizadores
Jose Luis Bolzan de Morais
Lenio Luiz Streck

Conselho Editorial
Jose Luis Bolzan de Morais
Lenio Luiz Streck
Rogério Gesta Leal
Leonel Severo Rocha
Ingo Wolfgang Sarlet

Conselho Consultivo
Andre-Jean Arnaud
Wanda Maria de Lemos Capeller
Jorge Miranda
Michele Carducci
Emilio Santoro
Alfonso de Julios-Campuzano

M827c   Morais, Jose Luis Bolzan de
                 Constitucionalismo e cidadania: por uma jurisdição constitucional democrática / Jose Luis Bolza de Morais, Valéria Ribas do Nascimento. – Porto Alegre: Livraria do Advogado Editora, 2010.
                 100 p.; 21 cm. – (Estado e Constituição; 10)
                 ISBN 978-85-7348-705-3

                 1. Jurisdição constitucional. 2. Cidadania. I. Nascimento, Valéria Ribas do. II. Título.

CDU – 342.4

Índices para catálogo sistemático:
Jurisdição constitucional   342.4
Cidadania   342.71

(Bibliotecária responsável: Marta Roberto, CRB-10/652)

Estado e Constituição – 10

JOSE LUIS BOLZAN DE MORAIS
VALÉRIA RIBAS DO NASCIMENTO

CONSTITUCIONALISMO E CIDADANIA

POR UMA JURISDIÇÃO CONSTITUCIONAL DEMOCRÁTICA

livraria
DO ADVOGADO
editora

Porto Alegre, 2010

©
Jose Luis Bolzan de Morais
Valéria Ribas do Nascimento
2010

Capa, projeto gráfico e diagramação
Livraria do Advogado Editora

Revisão
Betina Denardin Szabo

Direitos desta edição reservados por
Livraria do Advogado Editora Ltda.
Rua Riachuelo, 1338
90010-273 Porto Alegre RS
Fone/fax: 0800-51-7522
editora@livrariadoadvogado.com.br
www.doadvogado.com.br

Impresso no Brasil / Printed in Brazil

AGRADECIMENTO

Este livro faz parte do desenvolvimento do projeto de pesquisa "Jurisprudencialização da Constituição", patrocinado pelo CNPq com bolsa de PQ, além de quotas de iniciação científica CAPES e FAPERGS.

Os trabalhos foram desenvolvidos no âmbito do Grupo de Pesquisa CNPq "Estado e Constituição". Ainda, contou com o apoio da Faculdade de Direito da Universidad de Sevilla/Espanha, onde foram realizadas pesquisas e com a qual vem sendo realizado profícuo intercâmbio acadêmico.

Caim não sabe onde se encontra, não percebe se o jumento o estará levando por umas das tantas vias do passado ou por algum estreito carreiro do futuro, ou se, simplesmente, vai andando por um qualquer outro presente que ainda não se deu a conhecer.

(José Saramago, *Caim*, p. 122)

A Constituição é uma forma aberta, através da qual passa a vida, uma individualidade histórica que perpetuamente se renova

(Manuel Garcia-Pelayo).

Apresentação

Este trabalho é produto de atividades desenvolvidas pelos autores no âmbito do Programa de Pós-Graduação em Direito da UNISINOS, refletindo um pouco das preocupações de ambos em torno do papel desempenhado pela jurisdição constitucional, sobretudo desde a segunda metade do século passado, o que também tem repercutido na forte presença do Supremo Tribunal Federal no debate acerca do que podemos exprimir como a *passagem da Constituição de/no papel para a Constituição da/na prática.*

Assim, ganha importância, em paralelo, a reflexão que diz não só com as práticas jurisdicionais mas, em particular, com o significado, a extensão e os meios de que se utiliza e dispõe o *sistema de justiça* para produzir respostas satisfatórias e compatíveis com o projeto de Estado e de Sociedade plasmado no texto constitucional e, mais ainda, explicitado no projeto político engendrado no contexto da ação social.

Nada disso, todavia, pode deixar de lado as circunstâncias que afetam profundamente a realização deste projeto cultural. É preciso considerar os dilemas experimentados pelo projeto político-jurídico moderno, consubstanciado na figura do Estado Nação, em especial no que respeita às condições e possibilidades de e para a realização de seu desenho como Estado Social, além das marcas produzidas com um processo de desterritorialização marcado, de um lado pela(s) globalização(ões) e, de outro, pela localização, o que deixa a fórmula estatal moderna esgarçada por estes dois vetores.

Por isso, com o propósito de contribuir para o reforço do projeto civilizatório moderno, especificamente no que diz com o tema da jurisdição constitucional, é que se constrói este texto, voltado para a perspectiva de buscar a própria ressignificação dos instrumentos democráticos, dos quais esta faz parte, voltados à realização de um projeto de felicidade peculiar ao constitucionalismo.

Assim sendo, este trabalho se qualifica para compor esta Coleção "Estado e Constituição", já consolidada como projeto editorial, e, assim, apresentar uma leitura e um caminho possível e necessário para o fortalecimento de vínculos de solidariedade que permitam a concretização efetiva de uma *sociedade justa e solidária*.

Porto Alegre, verão de 2010.

A Organização

Sumário

Introdução 13

Parte 1 – Considerações acerca da cidadania local e/ou cosmopolita .. 17
1.1. O desvelar da cidadania no Brasil: sobreintegração e subintegração . 20
1.2. A Constituição cidadã: um acontecimento cultural 25
1.3. O fenômeno da globalização e a cidadania cosmopolita 28
1.4. A nova cidadania e a reinvenção do território 30
1.5. O bem-estar em sociedade: ilusão ou possibilidade? 33
1.6. À guisa de epílogo 35

Parte 2 – A (des)construção de utopias em torno dos princípios constitucionais da liberdade e da igualdade como condições de possibilidade para a construção de jurisdições constitucionais democráticas 37
2.1. Do Estado Liberal ao Estado Social igualitário: notas sobre a jurisdição e o processo no caminho da (im)perfeição democrática ... 39
2.2. Apontamentos sobre a liberdade e a igualdade: a (des)utopia conceitual nos Estados contemporâneos 43
2.3. A jurisdição e o processo: ressignificações democráticas e o constitucionalismo 57
2.4. Da jurisdição constitucional liberal à jurisdição constitucional social: a (re)construção de sentido do constitucionalismo 68
2.5. A jurisdição constitucional e a (re)definição do constitucionalismo .. 71
2.6. Contra um Leviatã global e as virtudes cosmopolíticas na/para jurisdições constitucionais democráticas 80
2.7. Ilações pontuais 88

Anotações finais 91

Referências 95

Introdução

A discussão que envolve os termos constitucionalismo e cidadania remonta a tempos antigos, que perpassam o presente e o transpassam rumo ao futuro, ou a um *outro presente* – como sugere Saramago em seu recente *Caim*.[1] Por isso a importância de se fazer uma relação e de se buscar uma ressonância recíproca entre eles, já que ressoar ou fazer soar liga-se ao reforço do som produzido pela reflexão deste em lugar apropriado.[2]

Assim, pretende-se, com as reflexões aqui contidas, demonstrar a importância de um entendimento conjunto sobre os mesmos a fim de intensificar o laço de união para (re)construção do ideal democrático.

Como presente na obra de Hannah Arendt, há que se montar e ter presente os vínculos, as continuidades e descontinuidades *entre passado e futuro*, aprendendo com aquele, aproveitando seus suportes, sem que tal signifique o aprisionamento do futuro ou deste outro presente que tanto pode se apresentar como farsa como também pode significar a emergência do novo, ambos, porém, produtos do nosso agir como cidadão e titulares de uma historicidade em construção.

De fato, é notório, o grande debate sobre o significado, a origem e o sentido dos termos constitucionalismo e cidadania, sendo que a opinião tradicional corrente costumava (e ainda costuma) vincular as duas palavras à existência, reconhecimen-

---

[1] Deve-se registrar que a abordagem em torno da temática ora proposta foi, primeiramente, desenvolvida pelos autores, de forma segmentada, em duas publicações da Revista de Informação Legislativa, ano 44, n. 175. Brasília: Senado Federal, julho/setembro – 2007 e ano 46, n. 182. Brasília: Senado Federal. Brasília, abril/junho – 2009.

[2] *Diccionário contemporâneo da lingüa portuguesa*. 4. ed. v. 4. Rio de Janeiro: Delta, 1958, consideravelmente aumentado e adaptado ao uso no Brasil, p. 4.393.

to e legitimidade do ente estatal. Acontece que com o auge da globalização – em particular de sua vertente como globalização econômica –, principalmente nas décadas de setenta, oitenta e noventa do século XX, ocorreram transformações institucionais, políticas, organizacionais, comerciais, financeiras e tecnológicas que afetaram os elementos constitutivos do Estado, suas formas e fórmulas de atuação, e, logo, influenciaram também os termos ora abordados, para os quais é necessário lançar um olhar que lhes permita uma instrumentalização compatível com os novos arranjos político-econômico-jurídicos.

Com o fenômeno da globalização – em seus diversos aspectos –, foi apresentado um processo de enfraquecimento do papel do Estado na arena nacional e internacional, visto que surgiram novos atores, representados por empresas, organizações nacionais, internacionais ou multi/transnacionais. Todavia, com a crise econômica de 2008, este mesmo Estado foi chamado de volta à cena, da qual talvez jamais tenha saído, patrocinando e promovendo outra vez o protagonismo do processo decisório, para alguns, ou, para outros, respondendo, mais uma vez, aos anseios de um *mercado* sempre pronto a estabelecer os parâmetros para a atuação da autoridade pública. Mas isto é algo que a história irá responder...

E, se estamos a falar de uma(s) crise(s) do Estado, por óbvio que o modelo de Estado Constitucional também repercute este tensionamento, a dualidade entre continuidade e descontinuidade, seja como ideal, seja como farsa.

Assim, paralelamente ao que se pode denominar de movimento de flexibilização das Constituições, surge também outra corrente denominada de neoconstitucionalismo.

O primeiro significando um progressivo processo de descrédito das potencialidades de o Estado Constitucional produzir os resultados de integração social e de transformação de uma realidade de desigualdade, privilegiando os instrumentos de ação e controle da autoridade pública, capaz de, por meio de políticas públicas, realizar o projeto de integração social expresso no contexto do constitucionalismo social.

O nomeado neoconstitucionalismo, por sua vez, é demarcado na Europa pelo período pós-guerra, caracterizando-se pela supremacia dos princípios e valores constitucionais, além do destaque avantajado assumido pelo papel dos Tribunais Constitucionais na implementação e efetivação das Constituições, quando, até mesmo como reflexo do primeiro, os projetos constitucionais se veem constrangidos entre ser e não ser. Entre ter e estar em Constituição. Entre papel e realidade.

É, assim, neste dilema que se torna possível fazer o laço entre os princípios da liberdade e da igualdade na tentativa de (re)construir os mecanismos hábeis para a produção de sentido dos textos normativos, já que estes valores remetem-se um ao outro no pensamento político e determinam o conceito de pessoa humana como ser que se distingue, ou pretende se distinguir dos demais seres vivos.

Na concepção de Norberto Bobbio a liberdade indica um estado e a igualdade, uma relação. Ou seja, o homem como pessoa – ou para ser considerado como pessoa – deve ser, enquanto indivíduo em sua singularidade, livre; enquanto ser social, deve estar com os demais indivíduos em uma relação de igualdade.[3]

E, em razão desta inexorável interpenetração, os ideais de liberdade e de igualdade acabam por aparecer em praticamente todos os julgados que envolvem questões cruciais sobre a vida e a dignidade das pessoas já que se bifurcam em diferentes dimensões relacionadas com os demais direitos e garantias fundamentais, ganhando centralidade no curso do processo de *judicialização da política* e seu corolário *politização do jurídico*, sobretudo se tivermos presente a atuação cada vez mais marcada e marcante do *sistema de justiça constitucional*, em particular no âmbito dos Tribunais Constitucionais.

Por isso, a relevância do tema ora em discussão.

E é neste contexto que se pretende demonstrar que, mesmo com as alterações em torno do constitucionalismo e da cidadania – esta na versão de Javier de Lucas em sua *dupla dimensão local e internacional*[4] –, é de fundamental importância o papel das jurisdições constitucionais internas, já que as mesmas possuem

---

[3] BOBBIO, Norberto. *Igualdade e Liberdade*. Trad. Carlos Nelson Coutinho. Rio de Janeiro: Ediouro, 1996.

[4] DE LUCAS, Javier. *El desafío de las fronteras: derechos humanos y xenofobia frente a una sociedad plural*. Madrid: Temas de Hoy, 1994.

relação direta com a democracia, quando atuam em defesa das normas constitucionais ou de encontro a legislações infraconstitucionais contrárias às Leis Fundamentais.

Pode-se ainda ter presente a necessidade de assentar o perfil democrático no contexto da justiça constitucional, quando é reconhecida a participação da população – ou órgãos representacionais – nos processos de construção de respostas qualitativamente superiores, bem como no momento em que se dá uma ampla fundamentação das decisões pelo Poder Judiciário, baseando-se em princípios e valores constitucionais, como repercussão de princípios outros inscritos nas Constituições e peculiares à *cultura* constitucional ocidental.

Dessa forma, se, como diz Manuel Garcia-Pelayo, a *(...) Constituição é uma forma aberta, através da qual passa a vida, uma individualidade histórica que perpetuamente se renova* e se, como se percebe cotidianamente, o sistema de justiça constitucional vem se transformando no espaço privilegiado de salvaguarda do projeto constitucional, é fundamental interrogar a construção de jurisdições constitucionais democráticas, que também continuamente pedem e exigem transformações.

E é este o objetivo do presente trabalho: contribuir para a renovação do agir do sistema de justiça constitucional, tendo presente sua funcionalidade, sua imprescindibilidade e suas responsabilidades para com a continuidade da história do constitucionalismo como ferramenta que faz parte desta mesma tradição.

Parte 1

Considerações acerca da cidadania local e/ou cosmopolita

> *Acorda, eis o mistério ao pé de ti!*
> *E assim pensando riu amargamente,*
> *Dentro em mim riu como se chorasse!*
> (Fernando Pessoa)

A Parte 1 do presente trabalho tem por fim apresentar ponderações sobre a cidadania, iniciando a partir da concepção moderna, do século XVIII, bem como vislumbrar se a mudança de sentido que nela ocorreu com a globalização corroborou com seu significado maior: garantir às pessoas condições de sobrevivência digna, tendo como valor-fonte a plenitude da vida.[5]

Nesse sentido, será abordado o *acontecer* ou o *vir-à-fala* da cidadania, considerando-se especificamente o caso brasileiro. É resgatado o valor que tiveram as Constituições do país, desde o descobrimento até a atual Carta Maior. Esta, chamada de Constituição Cidadã pela proteção dirigida tanto aos direitos sociais, como também aos civis e políticos.

Ainda, relata-se sobre a importância da Constituição cultural, evidenciada como uma soma de atitudes subjetivas e objetivas dos cidadãos em conjunto com os órgãos estatais. O sentimento constitucional é expressão de uma cultura política assimilada e sentida pelas pessoas acerca dos principais alicerces jurídico-políticos de convivência, o que envolve a realização de direitos fundamentais.[6]

---

[5] CORRÊA, Darcísio. *A construção da cidadania. Reflexões histórico-políticas.* 2. ed. Ijuí: Editora Unijuí, 2000, p. 217.

[6] VERDÚ, Pablo Lucas. *O sentimento constitucional. Aproximações ao estudo do sentir constitucional como modo de integração política;* tradução e prefácio Agassiz Almeida Filho. Rio de Janeiro: Forense, 2004. Prefácio p. XVI e XVII.

Ainda, discorre-se a respeito do fenômeno da globalização e da correspondente cidadania mundial, bem como é relatado sobre a diminuição do papel central do Estado na defesa do bem-estar-social, e quais as formas alternativas que a sociedade criou para vencer essa falta de proteção interna.

É imperioso ressaltar que de forma alguma se pretende esgotar a matéria, tendo em vista a amplitude e a extensa bibliografia sobre o tema. Procura-se traçar algumas noções sobre a cidadania, palavra geralmente ensinada superficialmente nas faculdades de Direito, na matéria de Direito Constitucional, apenas no seu viés político, como um direito de votar e ser votado.

Nesse viés, sublinha-se que a *cidadania*[7] assumiu historicamente várias formas em função dos diferentes contextos culturais nos quais está inserida.[8] Releva anotar que a concepção *moderna*[9] iniciou com a ideia de Estado-Nação, e que data das Revoluções americana de 1776 e Francesa de 1789.[10]

O conceito de cidadania, enquanto direito a ter direitos, foi construído dentro das fronteiras geográficas e políticas do próprio Estado. Era uma luta política nacional, e o cidadão que dela surgia era também nacional.[11] Dessa forma, a cidadania moderna se desenvolveu na medida em que as pessoas passavam a se sentir parte de uma Nação e de um Estado.

Ocorre que a maneira como se formaram os Estados condicionou a construção da cidadania. Em alguns países, o Estado teve mais importância, e o processo de difusão dos direitos deu-se principalmente a partir da ação estatal. Em outros, ela foi construída a partir da ação dos próprios cidadãos.[12] Assim, pode-se

---

[7] A própria palavra cidadão, em seu sentido etimológico, deriva da noção de cidade, daquele que habita a cidade. In: CRUANHES, Maria Cristina dos Santos. *Cidadania: Educação e exclusão social*. Porto Alegre: Sergio Antonio Fabris Editor, 2000, p. 25.

[8] VIEIRA, Liszt. Cidadania e controle social. In: PEREIRA, Luiz Carlos Bresser; GRAU, Nuria Cunill (Org). *O Público não-estatal na reforma do Estado*. Rio de Janeiro: Fundação Getulio Vargas, 1999, p. 213.

[9] Na cidadania antiga, dos séculos V e VI a.C. os direitos eram reservados aos cidadãos, mas nem todos os homens eram cidadãos. Ibid., p. 217.

[10] CARVALHO, José Murilo de. *Cidadania no Brasil: o longo caminho*. Rio de Janeiro: Civilização Brasileira, 2001, p. 12.

[11] Ibid.

[12] Ibid. No decorrer do trabalho será exposta a diferença que ocorreu entre a formação da cidadania brasileira, americana e de alguns países europeus.

afirmar que, igualmente, *o constitucionalismo*[13] originou-se a partir do Estado, como forma de submeter o poder político ao Direito, limitar suas funções, garantir o direito de liberdade às pessoas e estabelecer a *separação dos poderes*.[14]

O aparecimento das Constituições e a importância disso para a instituição e manutenção da cidadania representaram verdadeira revolução, a qual estava baseada no fato de que a Constituição denotava afirmação da coletividade e, em razão disso, subordinava o agir estatal.[15]

A mudança de modelo de Estado até então absoluto, centrado na pessoa e na vontade do príncipe, passou a curvar-se à Constituição, para, através dela, legitimar o poder constituinte e os poderes constituídos do Estado. Com isso, pretendeu-se proteger os direitos da pessoa humana.[16]

Assim, as Constituições do final do século XVIII, de todo século XIX e início do XX serviam para conformar a força ao Direito. Entretanto, as acentuadas alterações políticas e econômicas ocorridas em todo mundo sujeitaram as Constituições e o Direito Constitucional, mais do que qualquer outro ramo da ciência jurídica, a experimentar profundas transformações.

Primeiramente, buscou-se a força normativa da Constituição, na medida da sua aplicação eficaz ao caso em concreto.[17] Nessa linha, surge a Teoria da Constituição como um *acontecer* cul-

---

[13] Constitucionalismo é a teoria que ergue o princípio do governo limitado indispensável à garantia dos direitos em dimensão estruturante da organização político-social de uma comunidade (...) é no fundo uma teoria normativa da política, tal como a teoria da democracia ou a teoria do liberalismo. In: CANOTILHO, José Joaquim Gomes. *Direito constitucional e Teoria da Constituição*. 3. ed. Coimbra: Almedina, 1999, p. 47. Ainda, sobre o constitucionalismo, é importante salientar a obra de Nicola Matteucci, a qual recupera a evolução história das Constituições. *In: Organización de poder y libertad*. Madri: Editorial Trotta, 1998, p. 318.

[14] Sobre a separação dos poderes, ver Montesquieu, quando o mesmo refere que para não se abusar do poder, é preciso que, pela disposição das coisas, o poder contenha o poder. In: *Do espírito das leis*. São Paulo: Martin Claret, 2002, p. 165.

[15] MOREIRA, Vital. O futuro da Constituição. In: GRAU, Eros Roberto. GUERRA FILHO, Willis Santiago. *Direito Constitucional. Estudos em homenagem a Paulo Bonavides*. São Paulo: Malheiros, 2001, p. 314-318.

[16] Ver, a respeito, a obra de HÄBERLE, Peter. *Libertad, igualdad, fraternidad. 1789 como historia, actualidad y futuro del Estado constitucional*. Madrid: Minima Trotta, 1998, p. 96.

[17] Consoante Konrad Hesse *a força normativa da Constituição não reside, tão-somente, na adaptação inteligente a uma dada realidade. A Constituição jurídica logra converter-*

tural, que representava a obra de todos os intérpretes em uma sociedade aberta, retratando a expressão viva de um povo.[18]

Pablo Lucas Verdú refere que o sentimento constitucional supõe a implicação com o ordenamento jurídico e com a ideia de justiça que o inspira. *Sentir juridicamente é implicar-se com o Direito vigente, com o todo ou com parte dele, dando-lhe apoio.*[19] Assim, todas as pessoas inseridas no contexto social devem pleitear pela efetividade constitucional.

Todavia, no final do século XX e início do XXI, a ideia de Constituição passou a ser vista como fator complicador e comprometedor da globalização do mercado. Também, como um freio à expansão econômica e financeira. Dessa maneira, percebe-se que a tutela dos direitos elencados na Constituição tem sido duramente atingida. A seguir será exposto o caminho percorrido pelo desvelamento da cidadania no Brasil e a importância que a Constituição de 1988 desempenha na manutenção dessa (des)ocultação.

1.1. O desvelar da cidadania no Brasil: sobreintegração e subintegração

A palavra cidadania tem se prestado a diversas interpretações. Entre elas, tornou-se clássica a concepção de T. H. Marshall, que, analisando o caso inglês, generalizou a noção de cidadania e de seus elementos constitutivos.[20] Marshall desenvolveu a distinção entre as dimensões da cidadania civil, política e social e, ao mesmo tempo, defendeu uma interdependência extremamente necessária entre os três tipos.[21]

---

se, ela mesma, em força ativa, que se assenta na natureza singular do presente. In: *A força normativa da Constituição.* Porto Alegre: Sergio Antonio Fabris, 1991, p. 19.

[18] VERDÚ, Pablo Lucas. *Teoría de la Constitución como ciencia cultural.* Madrid: Dykinson, 1998, p. 40.

[19] Id. *O sentimento constitucional,* p. 53.

[20] VIEIRA, Liszt. Cidadania e controle..., op. cit., p. 213.

[21] MARSHALL, T. H., *apud* ROBERTS, Bryan. A dimensão social da cidadania. *In: Revista Brasileira de Ciências Sociais.* nº 33, ano 12, fevereiro de 1997, p. 6.

A cidadania civil conquistada no século XVIII é constituída pelos direitos individuais necessários ao exercício da liberdade, igualdade, propriedade, de ir e vir, direito à vida, segurança, etc. Esses direitos embasaram o liberalismo. A cidadania política, alcançada no século XIX, compreende o direito de participar do poder político tanto diretamente, pelo governo, quanto indiretamente, pelo voto.[22] Já, a cidadania social atingida no século XX – a partir das lutas do movimento operário e sindical – abarca os direitos ao trabalho, saúde, educação, aposentadoria, seguro-desemprego, ou seja, a garantia de acesso aos meios de vida e bem-estar social.[23]

Vale consignar que não se trata de uma sequência cronológica, mas sim lógica. Com base no exercício dos direitos civis foi que os ingleses reivindicaram o direito de votar, de participar do governo de seu país. A participação permitiu a eleição de operários e a criação do partido trabalhista, que foi responsável pela introdução dos direitos sociais. Entretanto, existe uma exceção na sequência desses direitos. Trata-se da educação popular, porque ela é definida como direito social, mas tem sido um pré-requisito para expansão dos outros direitos.[24]

Consoante José Murilo de Carvalho, nos países em que a cidadania se desenvolveu com maior rapidez, inclusive a Inglaterra, a educação popular permitiu às pessoas tomarem conhecimento de seus direitos e se organizarem para lutar por eles.[25] *A ausência de uma população educada tem sido sempre um dos principais obstáculos à construção da cidadania civil e política.*[26] O percurso inglês foi apenas um entre vários outros, como a França, a Alemanha, os Estados Unidos; cada país seguiu seu próprio caminho. E com o Brasil não foi diferente.

Houve, no Brasil, variações importantes referentes à maior ênfase à cidadania social e à alteração na sequência em que os direitos foram adquiridos, pois o social antecedeu os outros.[27]

---

[22] MARSHALL, T. H., *apud* ROBERTS, Bryan. A dimensão social da cidadania. In: *Revista Brasileira de Ciências Sociais*. nº 33, ano 12, fevereiro de 1997, p. 6.

[23] Ibid.

[24] Ibid., p. 11.

[25] CARVALHO, José Murilo de. *Cidadania no Brasil...*, op. cit.

[26] Ibid.

[27] Ibid., p. 12.

Assim, quando se fala de um cidadão inglês, ou norte-americano, e de um cidadão brasileiro, não se aborda exatamente em um mesmo sentido.[28]

Em três séculos de colonização (1500-1822), os portugueses tinham construído um enorme país, provido de unidade territorial, linguística, cultural e religiosa, mas com uma população analfabeta, uma sociedade escravocrata, uma economia monocultora e latifundiária, um estado absolutista.[29] *À época da independência, não havia cidadãos brasileiros, nem pátria brasileira.*[30]

Escravidão, grandes propriedades e falta de educação superior no país não constituíam ambiente favorável à formação de futuros cidadãos. Em contraste com a Espanha, Portugal não permitia a criação de universidades em sua colônia. Os brasileiros somente puderam ter o direito a curso superior, após a chegada da corte, em 1808.[31] A independência do Brasil, em 1822, não se realizou com a participação efetiva da população. Ademais, manteve a escravidão, o que evidencia grandes limitações aos direitos civis.

A Constituição outorgada de 1824, que regeu o país até o fim da monarquia, regulou os direitos políticos, definindo quem teria direito de votar e ser votado. Todavia, naquela época, o voto era mercadoria a ser vendida pelo melhor preço.[32]

Do ponto de vista da representação política, a proclamação da República, em 1889, não significou grandes mudanças, e a Primeira República (1889-1930) ficou conhecida como *república dos coronéis*.[33] Nesse paraíso de oligarquias, as práticas eleitorais fraudulentas não podiam desaparecer.

Leonardo Boff lembra que as elites do país construíram um tipo de sociedade organizada na espoliação do trabalho e na

---

[28] CARVALHO, José Murilo de. *Cidadania no Brasil...*, op. cit.

[29] SILVA, José Afonso da. *Curso de Direito Constitucional Positivo.* 17. ed. São Paulo: Malheiros, 1999, p. 71-76.

[30] CARVALHO, José Murilo de. *Cidadania no Brasil...*, op. cit., p. 18.

[31] Ibid., p. 23.

[32] Ibid., p. 36.

[33] O coronel da Guarda era sempre a pessoa mais poderosa do município. Ibid., p. 41.

exclusão de grande parte da população.[34] Dessas diferenças nasceram duas espécies de pessoas: *o sobreintegrado ou sobrecidadão, que dispõe do sistema, mas a ele não se subordina, e o subintegrado ou subcidadão, que depende do sistema, mas a ele não tem acesso*.[35] Surge no Brasil um padrão de subcidadania[36] gerada e mantida até os dias atuais, em que pese o manto simbólico e as conquistas sociais da Constituição de 1988.

Já a Constituição republicana, de 1891, não eliminou as barreiras existentes para uma maior participação na política do país. Pode-se afirmar que até 1930 não havia povo organizado politicamente nem sentimento nacional consolidado.[37] A população não tinha lugar no sistema político, seja no Império, seja na República, e a cidadania nas suas três dimensões, civil, política e social, ainda permanecia velada.

A partir de 1930, o país entrou em fase de instabilidade, alterando-se ditaduras e regimes democráticos. A fase propriamente revolucionária, na qual um movimento armado, dirigido por civis e militares de três estados da federação – Minas Gerais, Rio Grande do Sul e Paraíba –, tomou o Poder, durou até 1934, quando a assembleia constituinte votou nova Constituição e elegeu Getúlio Vargas presidente.[38]

Em 1937, o golpe de Vargas, apoiado pelos militares, inaugurou um período ditatorial, com uma nova Constituição, que durou até 1945. Neste ano, nova intervenção militar derrubou Vargas e deu início à primeira experiência que se poderá chamar como democrática do país.[39]

Com a Constituição de 1946 foi estabelecida a liberdade de imprensa e de organização política. O voto popular, pela pri-

---

[34] BOFF, Leonardo. A violência contra os oprimidos. Seis tipos de análise. In: *Discursos sediciosos*. Rio de Janeiro: Relume-Dumará, 1996, p. 96.

[35] NEVES, Marcelo apud BOLZAN DE MORAIS, Jose Luis; STRECK, Lenio Luis. *Ciência Política e Teoria do Estado*. 5. ed. rev. atual, Porto Alegre: Livraria do Advogado, 2006, p. 86.

[36] Para aprofundar o tema, ver: SOUZA, Jessé. *A construção social da subcidadania: para uma sociologia política da modernidade periférica*. Belo Horizonte: UFMG; Rio de Janeiro: IUPERJ, 2003.

[37] Ibid., p. 83.

[38] Ibid.

[39] Ibid., p. 87.

meira vez, começou a ter importância não só pela extensão, mas também pela lisura do processo eleitoral. Foi o período marcado pelo que se chamou de política populista. A experiência terminou em 1964, quando os militares intervieram mais uma vez e implantaram a ditadura.[40]

Releva anotar que o período de 1930 a 1945 foi o momento da legislação social, incluindo a promulgação da Consolidação das Leis do Trabalho (CLT) em 1943. Assim, ocorreu uma inversão na ordem dos direitos, colocando os sociais à frente dos políticos e civis.

Com a ditadura implantada pelos militares em 1964, houve necessidade de uma nova Constituição, aprovada em 1967, sob o pretexto de devolver a democracia ao Estado brasileiro. Afirmavam os militares que iriam introduzir algumas reformas e mudanças para garantir a longevidade da *democracia* e a articulação do Brasil com a economia mundial.[41]

O período de 1964 até 1985 caracterizou-se por repetir a tática do Estado Novo, ampliar os direitos sociais e restringir os direitos políticos. Pode-se dizer que o autoritarismo brasileiro pós-30 sempre procurou compensar a falta de liberdade política com paternalismo social.[42]

Vale salientar que foi a tática, dos militares, de proteção social que os fez permanecer no governo por tantos anos. Não se pode olvidar que o chamado "milagre" econômico brasileiro ocorreu durante o período de maior repressão do país (1968-1974), no qual os direitos civis e políticos praticamente não existiam. Todavia, uma vez desaparecido o "milagre", quando a taxa de crescimento começou a decrescer, por volta de 1975, o crédito do regime esgotou-se rapidamente.[43]

A classe média inquietou-se, e os operários urbanos retomaram sua luta por melhores salários. O movimento pelas eleições diretas em 1984 foi o ponto culminante de um movimento de mobilização política de dimensões inéditas na história do país.[44]

---

[40] SOUZA, Jessé. *A construção social da subcidadania...* op. cit., p. 88.

[41] ANDRADE, Paes; BONAVIDES, Paulo. *História constitucional do Brasil.* 3. ed. Rio de Janeiro: Paz e Terra, 1991, p. 429.

[42] CARVALHO, José Murilo de. *Cidadania no Brasil...*, op. cit., p. 190.

[43] Ibid., p. 192.

[44] Ibid., p. 193.

Ao final da ditadura militar percebeu-se o resultado de 21 anos de governo:

> O *habeas corpus* foi suspenso para crimes políticos, deixando os cidadãos indefesos nas mãos dos agentes de segurança. A privacidade do lar e o segredo da correspondência eram violados impunemente. Prisões eram feitas sem mandado judicial, os presos eram mantidos isolados e incomunicáveis, sem direito a defesa (...). A liberdade de pensamento era cercada pela censura prévia à mídia e às manifestações artísticas, e nas universidades, pela aposentadoria e cassação de professores e pela proibição de atividades políticas estudantis (...) Além disso, a legislação de exceção, como o AI-5, suspendeu a revisão judicial dos atos do governo, impedindo o recurso aos tribunais.[45]

Como consequência da abertura, esses direitos foram restituídos, mas continuaram beneficiando apenas parcela reduzida da população. Foi, somente, com a Constituição de 1988, que os direitos civis, políticos e sociais foram protegidos. Por isso, ela ficou conhecida como símbolo da cidadania. Entretanto, na prática, permaneceram intensos problemas sociais a serem tutelados pelo Estado.

A atual Carta Maior, já em seu preâmbulo, revela a preocupação com o exercício dos direitos sociais e individuais, a liberdade, a segurança, o desenvolvimento, a igualdade e a justiça, como valores supremos de uma sociedade fraterna. Ou seja, busca a defesa do real sentido da *cidadania*![46]

1.2. A Constituição cidadã: um *acontecimento* cultural

Existe uma relação intrínseca entre a Constituição, a cultura e os valores da sociedade, de maneira que o Texto Maior não pode ser visto apenas como uma pauta de regras desvinculada das

---

[45] CARVALHO, José Murilo de. *Cidadania no Brasil...*, op. cit., p. 193-194.
[46] Vale observar que em grande parte dos manuais de direito constitucional brasileiro a concepção de cidadania é abordada apenas na sua concepção política, pois cidadão é o indivíduo que seja titular de direitos políticos de votar e ser votado. In: SILVA, José Afonso da. *Curso de direito constitucional positivo*. 17. ed. São Paulo: Malheiros, 1999, p. 347 e BASTOS, Celso Ribeiro. *Curso de direito constitucional*. 20. ed. São Paulo: Saraiva, 1999, p. 272; MORAES, Alexandre. *Direito Constitucional*. 12. ed. São Paulo: Atlas, 2002, p. 233, etc.

influências do meio social. Impende salientar que a Constituição brasileira de 1988 está sendo desvelada, pois possui dispositivos constitucionais que, ainda, não têm aplicação efetiva. A título de exemplificação elenca-se o mandado de injunção (art. 5º, inc. LXXI) e a arguição de descumprimento de preceito fundamental (art. 102, § 1º).

Nas palavras de Lenio Streck, a única forma de otimizar as regras estabelecidas na Constituição é através da hermenêutica jurídica, que trabalha com o "dar sentido" com o *Dasein*[47] (ser aí). Essa forma de exegese busca retirar o véu que encobre os operadores jurídicos na aplicação do Direito ao caso concreto.[48]

A hermenêutica jurídica surge como uma possibilidade para que a cidadania brasileira, que é garantida apenas teoricamente como um símbolo, denominada por Gilberto Dimenstein como *cidadania de papel*,[49] passe para uma cidadania efetiva. Assim, o Texto Supremo surge não somente como uma ordem jurídica para juristas, que devem interpretar de acordo com as velhas e novas regras de seu ofício, mas sim como guia para toda sociedade, englobando os cidadãos.

A Carta Maior não é somente um texto jurídico, é expressão de uma situação cultural dinâmica, espelho da sociedade e fundamento de suas esperanças.[50] Nascem aí as *Constituições vivas*,[51] que representam a obra de todos os intérpretes em uma sociedade aberta, retratando não só o texto, mas também o contexto na qual estão inseridas.

Como afirma Verdú, a expressão de valores transcende ao Texto Constitucional, porque eles tendem a realizar-se através e para além dele, pela comunidade na qual estão inseridos.[52]

---

[47] O *Dasein* pode ser traduzido como ser aí (*Da*= aí; *sein*= ser) e como pré-sença. Ver STRECK, Lenio Luiz. *Hermenêutica Jurídica e(m) crise: uma exploração hermenêutica da construção do direito*. 7 ed/rev. e ampl. Porto Alegre: Livraria do Advogado, 2007, p. 178.

[48] Ibid.

[49] DIMENSTEIN, Gilberto. *O cidadão de papel. A infância, a adolescência e os direitos humanos no Brasil*. 19 ed. São Paulo: Editora Ática, 2001, p. 17.

[50] HÄBERLE, Peter. *Libertad, igualdad, fraternidad...*, op. cit., p. 46.

[51] A expressão é de Peter Häberle, elencada na obra já mencionada. Ver também: HÄBERLE, Peter. *Teoría de la Constitución como ciencia de la cultura*. Madrid: Editorial Tecnos, 2000, p. 161.

[52] VERDÚ, Pablo Lucas. *Teoría de la Constitución...*, op. cit., p. 122.

Pode-se afirmar que a Constituição reconhece tais valores superiores do ordenamento jurídico e os protege, especialmente no que diz respeito aos *direitos humanos*.[53]

Häberle refere que o arquétipo de Constituição Democrática compõe-se de elementos reais e ideais, estatais e sociais, localizados no seio do Estado Constitucional e que seriam a dignidade humana, a soberania popular, a Constituição como pacto, o princípio da divisão dos poderes, o Estado de Direito e o Estado Social de Direito.[54] Nesse viés, percebe-se que o modelo de Constituição cultural é uma soma de atitudes, ideias, experiências, escalas de valores e expectativas subjetivas e correspondentes ações objetivas, dos cidadãos, das suas associações e dos órgãos estatais.[55]

Juntamente com a ideia de Constituição como cultura surge a Constituição aberta, a qual recebe em seu texto preceitos e/ou institutos de ordenamentos jurídicos internacionais.[56] Consoante Verdú, as Constituições não escritas têm maior facilidade para serem trabalhadas nessa concepção, diante da receptividade própria de tal modelo às exigências e mutações sociais. Todavia, não afasta a possibilidade das Constituições escritas, igualmente, admitirem essa abertura.[57]

A Constituição pode ser considerada aberta desde que não haja nenhum preceito que impeça tecnicamente que ela admita conteúdos de outros ordenamentos, ou de valores sociais que a fundamentam e inspiram, mas que por variadas razões não os acolheu. No Brasil, a Constituição vigente pode ser considera como uma Constituição aberta, pois o § 2º do inc. LXXVII do art. 5º, estabelece que os direitos e garantias nela expressos não excluem outros decorrentes do regime e dos princípios por ela adotados ou dos tratados internacionais em que a República Federativa do Brasil seja parte.

---

[53] Para Darcísio Corrêa o conceito de cidadania confunde-se com os direitos humanos. In: *A construção da cidadania...*, op. cit., p. 217.

[54] HÄBERLE, Peter. *Teoría de la Constitución...*, op. cit., p. 33-34.

[55] Ibid, p. 36.

[56] VERDÚ, Pablo Lucas. *Teoría de la Constitución...*, op. cit., p. 265.

[57] Ibid, p. 266.

A importância dessa concepção repousa no fato de que as Constituições não conseguem acompanhar as mudanças econômicas, políticas, tecnológicas sociais porque tem passado a sociedade. Assim, essa abertura possibilita – sem as dificuldades e a insegurança, que gerariam alterações constantes em seu texto, através de processo legislativo complexo – a sua própria adequação à realidade social de forma natural e sem traumas.

Observa-se que, para se manter o equilíbrio social, é necessário um processo integrador, entre Estado, opinião pública e Constituição.[58] Somente quando se consegue a primazia da sociedade sobre o Estado, convertendo-o num agente da sociedade, é que será possível o império pleno da Constituição, como alternativa para equilibrar a atuação dos vários atores sociais e dos vários centros de poder.[59]

Dessa maneira, a compreensão de Constituição não deve se dar num espaço vazio, atemporal, justamente porque é o resultado das experiências históricas que se renovam. Todavia, deve-se atentar para o fato do atual fenômeno econômico, chamado de globalização, não esvaziar completamente o sentido da Constituição e da própria cidadania, pois esta tem sua proteção naquela.

1.3. O fenômeno da globalização e a cidadania cosmopolita

Nas últimas décadas, falar de crise tornou-se referência frente à mudança de paradigmas que orientam a construção dos saberes e as instituições da modernidade.[60] Com a denominada *globalização econômica*,[61] foco de atenção de juristas, sociólo-

---

[58] VERDÚ, Pablo Lucas. *Teoría de la Constitución*..., op. cit., p. 272.

[59] Ibid.

[60] BOLZAN DE MORAIS, Jose Luis. *As crises do Estado e da Constituição e a transformação espacial dos direitos humanos*. Porto Alegre: Livraria do advogado, 2002, p. 23.

[61] Consoante Anthony Giddens, atualmente, nenhum discurso político está completo, ou manual de negócios é aceitável, sem referência à globalização. In: *A terceira via. Reflexões sobre o impasse político atual e o futuro da social democracia*. Rio de Janeiro: Record, 1999, p. 38. Para Otfried Höffe, a globalização é uma palavra de ordem da filosofia política revestida de emoções contraditórias, em parte contendo esperanças e temores.

gos, economistas, historiadores, etc., ocorreram transformações de valores do Estado-Nação, consequentemente se verificou uma modificação no significação da cidadania.

Releva anotar que a maioria dos aspectos da globalização é controversa, sendo que duas ideias absolutamente contrárias emergiram, ligadas em certa medida a posições políticas divergentes. Alguns autores sustentam que a globalização é um mito, ou é no máximo uma continuação de tendências estabelecidas há muito tempo.[62] No outro pólo estão autores e formuladores de políticas que dizem que a globalização não só é real, mas já está muito avançada.[63]

A globalização leva à mudança de perfil da soberania. Esta, antes era concebida como monopólio da força e da política sobre um determinado território, habitado por uma população.[64] Atualmente, devido a novas realidades, houve uma interdependência entre os Estados – Nação, o que acarretou um entrelaçamento na ideia de soberania.[65]

Outrossim, ocorreu uma nova concepção de cidadania, baseada não mais no laço que liga o indivíduo ao Estado, mas sim por um conjunto de valores e práticas socioeconômicos, regulados por instituições supranacionais.[66] *A sociedade, na condição de comunidade histórica e política, seria substituída por uma*

Além disso, vem sendo empregada de maneira inflacionária e, ao mesmo tempo, em contornos tão tênues, que se prefere evitá-la. Na sua primeira definição, apresenta *a globalização como crescimento e consolidação das relações internacionais*. In: *A democracia no mundo de hoje*. São Paulo: Martins Fontes, 2005, p. 5. Também, Zygmunt Bauman refere que *globalização* para alguns é o que se deve fazer para ser feliz; para outros, é a causa da infelicidade. Para todos, porém, *globalização* é o destino irremediável do mundo. In: *Globalização: as conseqüências humanas*. Rio de Janeiro: Jorge Zahar, 1999, p. 7. Cita-se, ainda, sobre o tema, o doutrinador espanhol Alfonso de Julios-Campuzano. In: JULIOS-CAMPUZANO, Alfonso de. *La globalización ilustrada. Ciudadanía, derechos humanos y constitucionalismo*. Madrid: Dykinson, 2003.

[62] Essa é a posição de Philip McMichael e Boaventura de Souza Santos, elencada no artigo de BEILHARZ, Peter. Globalização, bem-estar e cidadania. *In: Revista Técnica*. Rio de Janeiro. 2001, p. 177-205. Para eles, a globalização é uma invenção dos neoliberais.

[63] Ver a respeito: GIDDENS, Anthony. *A terceira via...*, op. cit., p. 40.

[64] Ibid, p. 25.

[65] Ibid, p. 27.

[66] VIEIRA, Liszt. Cidadania global, Estado Nacional e Espaço Público Transnacional. In: *Argonautas da cidadania. A sociedade civil na globalização*. Rio de Janeiro: Record, 2001, p. 241.

noção econômica de uma organização de produção e redistribuição de riquezas.[67]

Contudo, não se pode esquecer que a cidadania enfatiza a ideia de igualdade contra a desigualdade econômica e social. Portanto o padrão da cidadania reside ainda no próprio Estado. Dessa forma, surge a pergunta: se o Estado se enfraquece com a globalização, qual o destino da cidadania?

1.4. A *nova cidadania* e a reinvenção do território

O debate acerca do futuro da cidadania depara-se com três perspectivas diferentes. Em primeiro lugar, a visão liberal – John Rawls, Ronald Dworkin, Bruce Ackeman –, enfatizando o indivíduo que, por cima do grupo e da identidade coletiva, é sempre capaz de redefinir seus próprios fins. Nesta visão é exposta a ideia de cidadania passiva, baseada na concepção de Locke e nos cidadãos como anteriores ao estado, ou pré-políticos.[68]

A visão comunitarista – Charles Taylor, Michael Walzer –, ao contrário, enfatiza a cultura e o grupo social que confere identidade aos indivíduos atomizados pelas tendências desenraizadoras da sociedade liberal.[69] O indivíduo não é anterior à sociedade, é construído em função de sua vida em contextos culturais compartilhados na sociedade. Assim, é a noção de cidadania ativa, calcada no pensamento de Aristóteles, tendo o indivíduo como fruto da comunidade.[70] Daí advém, ainda, a discussão, conforme Bryan Turner, sobre a cidadania passiva, a partir de cima, via Estado, e a cidadania ativa, a partir de baixo, via ativa.[71]

A globalização evidenciaria a cidadania passiva, *de cima para baixo*, impositiva, fazendo com que os Estados incentivem uma cidadania não reinvidicativa. Rompe-se a identidade nacio-

---

[67] VIEIRA, Liszt. Cidadania global, Estado Nacional... op. cit., p. 241.
[68] Ibid., p. 231.
[69] Ibid.
[70] Ibid.
[71] TURNER, Bryan, *apud* VIEIRA, Liszt. Cidadania global, Estado Nacional e Espaço Público Transnacional. In: *Argonautas da cidadania. A sociedade civil na globalização.* Rio de Janeiro: Record, 2001, p. 228.

nal, seja pela formação dos blocos supranacionais, pelos fluxos migratórios ou pelos conflitos de nacionalidade.

Em torno das modificações que estão ocorrendo no plano internacional, Canotilho coloca a questão da problemática que gira em torno da reinvenção do território. Acontece que a Constituição dirigente sempre foi considerada a Constituição do Estado, e, agora, com a supranacionalização e internacionalização do direito, as liberdades se tornaram globalitárias. Traz como exemplo a liberdade de pessoas, mercadorias, serviços, capitais e afirma que elas esvaziam a concepção de Estado e de Constituição *(NATO, EU, MERCOSUL, NAFTA, ONU, Uruguai-Roud, Schengen, Informação – CNN)*.[72]

Não há como deixar de salientar que Canotilho está inserido no contexto europeu. Portugal faz parte da União Europeia e o país realmente passou pelo Estado de Bem-Estar Social. Já com relação ao Brasil e aos países em desenvolvimento a história é diferente. Muitas promessas do Estado Social não foram cumpridas e, na prática, nem mesmo estamos inseridos em um Mercado Comum. Por isso se deve observar com cautela as doutrinas estrangeiras antes de aplicá-las internamente.

Vale consignar uma terceira perspectiva, abordada por Habermas, chamada de discursiva ou deliberativa, na qual a cidadania é baseada na identidade cívica, ou seja, cidadania ativa fundamentada na participação nos negócios políticos. Salienta-se que a *teoria do agir comunicativo* não se caracteriza pela visão liberal, nem pela comunitarista.[73]

Na teoria da ação comunicativa ou do *agir comunicativo*,[74] o sistema social adquire a sua identidade a partir do consenso.[75] Nessa perspectiva, é proposta a informalização do Direito através do critério *procedural*, que se diferencia do formalismo nor-

---

[72] CANOTILHO, J. J. Gomes. *"Brancosos" e Interconstitucionalidade. Itinerários dos discursos sobre a historicidade constitucional.* Coimbra: Almedina, 2006, p. 219.

[73] VIEIRA, Liszt. Cidadania global... op. cit., p. 321.

[74] Para uma leitura mais aprofundada a respeito da teoria do "agir comunicativo", ver: HABERMAS, Jürgen. *Direito e democracia: entre facticidade e validade.* Rio de Janeiro: Tempo Brasileiro, 1997, p. 354.

[75] ROCHA. Leonel Severo. Interpretação jurídica: semiótica, diferenciação e ação comunicativa. *In:* LEAL, Rogério Gesta; ARAÚJO, Ernani Bonesso (Org.). *Direitos sociais e políticas públicas. Desafios contemporâneos.* Santa Cruz do Sul: Edunisc, 2001, p. 239.

mativista e do modelo hermenêutico material pelo fato de fundar a sua validade no respeito a procedimentos de elaboração discursiva das normas.[76]

Rocha refere que a possibilidade prática de testar a hipótese de Habermas pode ser feita através da análise de novos fenômenos de informalização e acesso à justiça, como é o caso da resolução de conflitos por meio da arbitragem, negociação e mediação.[77]

O agir comunicativo está relacionado com integração de indivíduos socializados, atuando como participantes no processo. Esse exercício provoca a tensão entre facticidade e validade, embutida na linguagem e no uso da linguagem.

Habermas, ao considerar o conceito de razão comunicativa, situa-o no âmbito de uma teoria reconstrutiva da sociedade.[78] Nesse contexto, as formas de comunicação da formação política da vontade do Estado, da legislação e da jurisprudência aparecem como partes de um processo mais amplo de racionalização dos *mundos da vida*.[79]

Percebe-se que a nova cidadania, cidadania cosmopolita ou cidadania mundial, emerge lentamente na sociedade civil organizada em torno de interesses públicos. A partir daí surge a ideia de terceiro setor, movimentos sociais ou organizações não governamentais.[80]

Atualmente, os conceitos de público e privado não se aplicam mais automaticamente ao Estado e à sociedade, respectivamente. É possível dizer que existem também as esferas do estatal-privado e do incipiente social-público.[81]

Na esfera estatal-privada estão as empresas e as corporações estatais. Embora formalmente públicas, encontram sua lógica na defesa de interesses particulares, econômicos e setoriais. Já na esfera social-pública, ainda emergente, encontram-se os

---

[76] ROCHA. Leonel Severo. Interpretação jurídica... op. cit. p. 239.

[77] Ibid.

[78] HABERMAS, Jürgen. *Direito e democracia*..., op. cit., p. 22.

[79] Esse termo, utilizado por Habermas na obra referida, significa o ambiente no qual estão inseridos os sistemas, dentre eles o Direito.

[80] VIEIRA, Liszt. Cidadania e controle..., op. cit., p. 236.

[81] Ibid., p. 237.

movimentos e instituições que, embora formalmente privados, perseguem objetivos sociais, articulando-se na prática a construção de um espaço público não estatal. É o caso das organizações não governamentais.[82]

Há vários níveis para se conceber a extensão da cidadania para além das fronteiras do Estado nacional. Trata-se de uma aspiração ligada ao sentimento de unidade da experiência humana na terra e que abre caminho a valores e políticas em defesa da paz, justiça social, diversidade cultural, democrática, sustentabilidade ambiental em nível planetário, etc.[83] *Hoje, organizações como Anistia Internacional ou* Greenpeace, *por exemplo, têm mais poder no cenário internacional do que a maioria dos países.*[84]

Assim, não se espera apenas do Estado respostas para a exclusão e degradação social. Está ocorrendo a busca de um novo padrão de desenvolvimento, através de entidades e movimentos sociais – como os ecológicos, feministas, de minorias, de consumidores, etc.

Eli Diniz traz a noção de governança, que seria a capacidade governativa em sentido amplo, na qual o Estado torna-se mais flexível, capaz de descentralizar funções, transferir responsabilidades e alargar o universo de atores participantes.[85] Entretanto, mesmo diante da atuação da sociedade civil, na busca por melhores condições de vida, permanece a incerteza com relação aos resultados efetivos dessas ações.

1.5. O bem-estar em sociedade: ilusão ou possibilidade?

Levando-se em consideração o caso brasileiro, constata-se que já se passaram mais de vinte anos em que há no país uma Constituição Cidadã. Percebe-se que as pessoas conquistaram o direito de eleger seus representantes, manifestar o pensamento

---

[82] VIEIRA, Liszt. Cidadania e controle..., op. cit., p. 236.
[83] VIEIRA, Liszt. Cidadania global..., op, cit., p. 251
[84] Ibid., p. 249.
[85] DINIS, E. apud LISZT, Vieira. Cidadania e controle social. In: PEREIRA, Luiz Carlos Bresser; GRAU, Nuria Cunill (Org). *O Público não-estatal na reforma do Estado*. Rio de Janeiro: Fundação Getulio Vargas, 1999, p. 247.

livremente, obtiveram, também, a proteção de direitos civis, políticos e sociais. Contudo, permanecem problemas centrais na sociedade, como a violência urbana, desemprego, analfabetismo, desigualdades sociais e econômicas, a má qualidade de ensino, a oferta inadequada dos serviços de saúde, etc.

Devido à continuidade desses fatores, como já foi mencionado anteriormente, a sociedade civil está recorrendo a formas alternativas de prover o bem-estar. Assim, vislumbra-se a atuação da família, religião, associações voluntárias, redes de assistência social, *ONGs*,[86] como poderosos instrumentos de desenvolvimento de um modelo de cidadania social menos centrada no Estado.[87] Como afirma Alba Zaluar, não se busca uma *filantropia humilhante,* mas a solidariedade como princípio fundamental da sociedade, de forma que cada um seja responsável por todos.[88]

Insta observar a teoria de Marcel Mauss, na qual é formulada a concepção de quarto setor em que há três momentos da reciprocidade – dar, receber e retribuir. A reciprocidade moderna estaria baseada na generosidade com estranhos advindo de um ato gratuito e livre do doador, por exemplo, a doação de órgãos e de sangue, ou grupos organizadores, como os alcoólatras anônimos e os narcóticos anônimos.[89]

Nessa senda Edgar Morin refere que a crença no amor é o mais poderoso mito no qual as pessoas devem se apegar.[90] E, não é o amor interindividual, mas o amor num sentido mais amplo que englobaria toda a sociedade.

---

[86] A expressão ONG inclui uma grande diversidade de organizações leigas e religiosas, políticas e não políticas. Diferenciam-se por seu grau de dependência de fundos externos e de pessoal administrativo estrangeiro. Além disso, há diferenças entre ONG´s cujos serviços são coordenados a partir do exterior e aquelas que trabalham de comum acordo com a população local, procurando fortalecer a capacidade de iniciativa das comunidades. Uma questão muito relevante consiste em saber se as organizações que mantêm vínculos externos e não precisam prestar contas de suas atividades contribuem de fato para desenvolver um sentimento nacional de igualdade de direitos sociais. Ver, a respeito: ROBERTS, Bryan R. A dimensão social da cidadania. In: *Revista Brasileira de Ciências Sociais.* nº 33, ano 12, fevereiro de 1997, p. 5-21.

[87] Ibid.

[88] ZALUAR. Alba. Exclusão e Políticas Públicas: dilemas teóricos e alternativas políticas. *Revista Brasileira de Ciências Sociais.* Vol. 12. nº 35. out. p. 35.

[89] Ibid.

[90] MORIN, Edgar. *Amor, poesia e sabedoria.* 4. ed. Rio de Janeiro: Bertrand Brasil, 2002, p. 28.

Dessa maneira, infere-se que as formas alternativas, encontradas pela sociedade civil para solucionar os problemas sociais possuem certa eficácia. Contudo, não há como olvidar a importância da concepção moderna de cidadania, centrada na ideia de Estado, pois não existem, até o momento, soluções sobre quais os setores capazes de suplantar o Estado no dever de prover as condições de bem-estar. Por isso, o ente estatal enquanto unidade prática da política e morada institucional da cidadania continua a ocupar o papel principal na regulação dos direitos e deveres da pessoa humana.

1.6. À guisa de epílogo

Nos últimos anos, com a chamada globalização, a concepção de cidadania moderna foi alterada, pois ela não é mais entendida como um *status* legal, isto é, cidadão como membro pleno de uma comunidade política particular. Hoje, ressalta-se a cidadania para além das fronteiras tradicionais do Estado.

Assim, surgem o terceiro e o quarto setor, que seriam movimentos sociais não centrados da figura estatal, como formas de suprir a ausência do Estado-Nação na proteção dos direitos e garantias mínimos à população, principalmente a de baixa ou nenhuma renda.

Ocorre que, não há como negar a relação entre cidadania e igualdade. E, com isso, evidencia-se a importância de que o Estado mantenha um papel ativo na implementação de políticas voltadas para a proteção social.

Mesmo que haja meios alternativos de promover o bem-estar-social, em nível nacional e internacional, através da solidariedade e do amor (atuação da família, religião, associações de bairro, ONG´s, etc), não há como esquecer o conceito moderno de cidadania que coloca no Estado a responsabilidade pela proteção do cidadão. Ainda mais quando se está diante de países em desenvolvimento, como é o caso brasileiro, que passou do Estado Social para o Estado Democrático de Direito sem ter efetivamente vivenciado o Estado Providência.

A atual Constituição Cidadã apareceu como símbolo das conquistas democráticas. Assim, mesmo que falte um longo caminho para a efetiva cidadania em território brasileiro, não há como negar que o primeiro passo foi trilhado em 1988. Por isso, a necessidade de defesa das suas normas.

Nesse contexto, em que pese o reconhecimento da subcidadania, bem como a carência na concretude de muitas normas constitucionais, é necessário reconhecer as palavras de Fernando Pessoa que constam na epígrafe desse capítulo: *Acorda, eis o mistério ao pé de ti!* Dentro o povo chora, enquanto a Constituição pede efetividade!

Parte 2

A (des)construção de utopias em torno dos princípios constitucionais da liberdade e da igualdade como condições de possibilidade para a construção de jurisdições constitucionais democráticas

> *Eles o chamam de Zé-Ninguém ou Homem Comum.*
> *Dizem que esta é a alvorada do seu tempo,*
> *a "Era do Homem Comum".*
> *(...) Um médico, um sapateiro, um mecânico,*
> *ou um educador terá de conhecer suas deficiências*
> *se quiser realizar seu trabalho e com ele ganhar a vida.*
> *Já há algumas décadas você vem assumindo o controle,*
> *em todas as partes do mundo. O futuro da espécie humana*
> *dependerá dos seus pensamentos e atos. No entanto,*
> *seus mestres e senhores não lhe dizem como*
> *você realmente pensa e o que você realmente é;*
> *ninguém ousa confrontá-lo com a única verdade*
> *que poderia fazer de você o senhor inabalável do seu destino.*
> *Você é "livre" apenas sob um aspecto: livre da autocrítica*
> *que poderia ajudá-lo a governar sua própria vida (...).*
> (Wilhelm Reich – *Escute Zé-Ninguém!*)

A temática em torno da Parte 2 deste trabalho, inicialmente, remete à questão da utopia. Palavra conceituada, através dos radicais gregos, como um *não lugar* ou *lugar que não existe*, mas essa mesma definição pode adquirir diferentes interpretações, tanto em sentido negativo, como em sentido positivo. No decorrer do texto é apresentada a ideia de invenção da utopia como uma perspectiva relacionada ao permanente processo de modificação.[91] Por isso, também se ressalta a *desutopia constitutiva*.[92]

Na verdade, discutir os princípios da igualdade e da liberdade é extremamente complexo, tendo em vista não só a extensa bibliografia sobre o tema, como também as próprias pré-compreensões dos pesquisadores envolvidos. Dessa forma, como o próprio subtítulo indica, busca-se demonstrar algumas possibilidades de sentido desses preceitos no decorrer da evolução estatal, bem como trazer questionamentos sobre a prevalência de um ou de outro no decorrer do tempo. Além disso, são elencadas algumas alternativas para que prevaleça a democracia e, junto com ela, uma maior igualização social. Dentre estas propostas está a implementação de jurisdições constitucionais voltadas à efetivação dos direitos sociais.

Daí a necessidade de se fazer uma relação entre a evolução do Estado Moderno, desde sua primeira versão absolutista, passando pelo Estado Liberal, Estado Social até o Estado Democrático de Direito. Através desses apontamentos é possível perceber como se alternavam as narrativas, a favor ou contra, à prevalência de um ou outro princípio. Com Immanuel Wallerstein constata-se que tanto o liberalismo como a democracia foram utilizadas como palavras-ônibus, reunindo diversas cores partidárias.[93] De fato, o que se verifica é o permanente processo de (im)perfeição dos Estados Iluminados pelo paradigma racionalista.

Dessa maneira, desenvolvem-se alguns passos sobre a história da jurisdição e do processo para tentar demonstrar os motivos pelos quais, ainda hoje, prevalece uma atuação jurisdicional declaratória, mais preocupada em constatar a existência de conflitos individuais do que em sanar conflitos socias. Posteriormente, tenta-se demonstrar as modificações ocorridas nos Estados do pós-guerra, momento em que se desenvolve uma nova concepção do constitucionalismo e da própria jurisdição. Neste momento, ocorre uma maior tutela dos direitos fundamentais, alçados a pedestal normativo dos Estados contemporâneos.

---

[91] SOUZA, Edson Luis André de. *Uma invenção da utopia.* São Paulo: Lumme, 2007.

[92] NEGRI, Antonio. *O poder constituinte – ensaio sobre alternativas da modernidade.* Rio do Janeiro: DP&A, 2002.

[93] WALLERSTEIN, Immanuel Maurice. *O fim do mundo como o concebemos*: ciência social para o século XXI; tradução: Renato Aguiar. Rio de Janeiro: Renavan, 2002, p. 123.

Ainda, pretende-se relacionar Estado, jurisdição e constitucionalismo, visando à (re)construção de sentido para o Direito Constitucional, atualmente imerso em um inevitável processo global, que altera os elementos constitutivos do próprio Estado e, junto com isso, os elementos formadores do próprio constitucionalismo. É desenvolvido uma abordagem em torno do pensamento de Canotilho, quando o mesmo refere sobre as Constituições civis e a necessidade de se trabalhar com a chamada noção de interconstitucionalidade.

Vale observar que o surgimento do Estado de Direito Moderno coincide com as ideias capitalistas e liberais. Por esse motivo, quando se trata da globalização econômica atual, da mesma maneira é necessário se questionar sobre formas de se deter a exploração e a desigualdade provenientes deste sistema.

Assim, destaca-se a atuação do Poder Judiciário influenciado pelas *virtudes cosmopolíticas*, ou seja, uma jurisdição constitucional voltada ao reconhecimento das diferenças, da tolerância e da harmonização, ressaltando a preocupação com a igualização e a inserção popular no processo jurisdicional. Nessa linha de orientação, são elencados alguns julgados que visam demonstrar a necessidade de preservação da jurisdição constitucional dos Estados nacionais.

Desse modo, mesmo ressaltando que um dos motivos mais claros para que a liberdade não tenha levado à igualdade seja a manutenção do paradigma racionalista e iluminista do século XVII e XVIII, tanto pelas Instituições estatais, como pela própria sociedade, pretende-se uma releitura sobre a jurisdição e o constitucionalismo na busca de possibilidades de sentido para implementações sociais democráticas.

2.1. Do Estado Liberal ao Estado Social *igualitário*: notas sobre a jurisdição e o processo no caminho da (im)perfeição democrática

Ao pensar a história da evolução do Estado, em seus diversos modelos desenvolvidos na modernidade, é possível perceber um rompimento, a partir das teorias contratualistas, em que a política rejeita qualquer ideia de finalidade inata ao Estado.[94] Este é produto definido pela racionalização do poder que objetiva atender aos anseios de segurança, certeza e previsibilidade exigidos pelas emergentes sociedades de massa.

Cabe pontuar que falar de Estado[95] significa discorrer acerca das condições de possibilidade de sua compreensão desde seu nascimento até a contemporaneidade, salientando-o como uma experiência moderna, que se inaugurou na passagem do medievo.[96]

Na verdade, quando aconteceu o momento de ruptura entre a civilização e a barbárie, o que se percebe foi a necessidade de se enfrentar os novos dilemas sociais que surgiam ao longo do tempo. Por isso, o modelo estatal não foi absoluto, ocorrendo modificações paradigmáticas[97] no decorrer da história. Do Estado Absolutista se passou ao Estado Liberal; posteriormente, ao Estado Social até o atual Estado Democrático de Direito.

Ocorre que o modelo estabelecido na Idade Moderna foi marcado por um relevante momento histórico, iniciado no século

---

[94] Salienta-se que este trabalho adota a concepção de Estado, baseada em Heller, ou seja, busca entender o Estado enquanto realidade, ou seja, como formação histórica a partir de suas ligações com a realidade social. Dessa forma, não é possível uma Teoria Geral do Estado, mas apenas uma Teoria do Estado, daquele Estado concreto, inserido em sua totalidade e realidade específicas. In: BOLZAN DE MORAIS, Jose Luis; STRECK, Lenio Luiz. *Ciência Política...*, op. cit., p. 20.

[95] Segundo Reinhold Zippelius, a realidade do Estado não se esgota inteiramente com fatos insensíveis a valores, nem tão pouco na projeção de um normativismo extremo com um sistema de normas puro, alheio a todas as realidades sócias. In: ZIPPELIUS, Reinhold. *Teoria geral do Estado*. Fundação Calouste Gulbenkian: Lisboa, 1997.

[96] Antes do medievo, pode-se citar outras formas estatais pré-modernas, dentre elas estão: Oriental ou teocrático, Polis Grega, Civitas Romana, etc. Sublinha-se que inúmeras teorias existem para explicar e justificar a origem do Estado. Além da vertente contratualista, podem ser mencionadas outras perspectivas, tais como a de Augusto Comnte, em que a origem está na força do número ou da riqueza, outras correntes pscicanalíticas, relatam que a origem do Estado está na morte, por homicídio, do irmão ou no complexo de Édipo. No entanto, o trabalho ora desenvolvido parte das teorias contratualistas *lato sensu*. Ver: BOLZAN DE MORAIS, Jose Luis; STRECK, Lenio Luiz. *Ciência Política...*, op. cit., p. 23 e 24.

[97] A obra de Thomas Kuhn é um importante referencial sobre o conceito de paradigma. Para o referido autor, paradigma *é aquilo que os membros de uma comunidade partilham e, inversamente, uma comunidade científica consiste em homens que partilham paradigmas*. Outrossim, afirma que *um paradigma governa, em primeiro lugar, não um objeto de estudo, mas um grupo de praticantes da ciência. Qualquer estudo de pesquisas orientadas por paradigma ou que levam à destruição de paradigma deve começar pela localização de grupo ou grupos responsáveis*. In: KUHN, Thomas. *A estrutura das revoluções científicas*. 5 ed. São Paulo: Perspectiva, 2000, p. 222-224.

XVIII, que se denominou iluminismo ou "século das luzes". Na época, predominou o progresso das ciências matemáticas, da técnica e a emancipação das ciências humanas da filosofia. Mas, ao mesmo tempo, o iluminismo produziu uma visão unilateral, pois estabeleceu que a razão era a única explicação para as coisas do universo.[98]

É possível perceber que o desenvolvimento do racionalismo iluminista tenta de todas as formas buscar um modelo ideal de Estado e, junto com isso, um conceito exato de Direito.[99] Uma das peculiaridades do chamado sistema de direito escrito, ou *Civil Law*.[100] é a tentativa de implementação da teoria da separação de poderes, *com a substituição dos direitos costumeiros medievais pelo direito produzido exclusivamente pelo Estado, inicialmente pelos monarcas, depois pelo Poder Legislativo.*[101] Todavia, com o passar do tempo percebeu-se as deficiências de tal modelo. Conforme Franz Kafka: *só há um ponto fixo. É a nossa própria insuficiência. É daí que devemos partir.*[102]

Desse modo, é interessante trazer a metáfora sugerida por Edson Luis André de Souza sobre a sapataria. Refere o autor que entrar em uma sapataria talvez seja uma das experiências mais fortes da imperfeição do mundo. Os sapatos fora de ordem, *o cenário precário e sublime resistindo à velocidade do capital e*

---

[98] STEIN, Ernildo. *Aproximações sobre hermenêutica*. Porto Alegre: EDIPUC, 1996, p. 41.

[99] *Para compreender nossa formação jurídica, é necessário ter presente os vínculos existentes entre o sistema e as fontes europeias que o alimentam, especialmente a herança que nos foi transmitida pelo direito ilustrado, de influência marcante no Direito moderno, cujos traços essenciais, no entanto, se podem encontrar nas fontes romanas.* In: SILVA, Ovídio A. Baptista da. *Processo e Ideologia: o paradigma racionalista.* Rio de Janeiro: Forense, 2004, p. 35.

[100] Há, no mundo ocidental contemporâneo, dois principais sistemas de direito: o sistema continental e o da *common law*. O sistema continental tem como base o estudo do direito romano, através da interpretação do *Corpos Juris Civilis*, elaborado por determinação do imperador Justiniano (527 a 565 d.C.), no qual as regras de direito são vistas enquanto regras de conduta geral, sendo a principal fonte a lei escrita. Na *commun law*, que abrange o direito inglês e aqueles que se organizaram a partir dele, como, por exemplo, os EUA e Austrália, segue-se a regra do precedente. Nesta, o que se pretende é solucionar um caso concreto e tomá-lo como parâmetro para solução de outros casos. A principal fonte do direito é a jurisprudência. In: DAVID, René. *Os grandes sistemas do direito contemporâneo*. São Paulo: Martins Fontes, 1996.

[101] SILVA, Ovídio A. Baptista da. *Processo e Ideologia...*, op. cit., p. 35.

[102] SOUZA, Edson Luis André de. *Uma invenção...*, op. cit., p. 11 e 12.

das mercadorias, o pó e o cheiro da graxa nos lembrando uma outra química do tempo. Naquele local surge a lembrança que o corpo tem feridas e cicatrizes, que a vida é repleta de curativos, que os sonhos envelhecem e que inevitavelmente os objetos estragam.[103]

A vida humana e, consequentemente, a evolução social e estatal são cheias de tropeços que restauram a humanidade, muitas vezes esquecida pela incessante razão iluminada na busca da perfeição. Como pontua Jean Frémon *a perfeição é uma superfície muda que abandonou a vida, a perfeição é de um outro mundo na porta do qual está escrito: não se entra!*[104]

Na verdade, essa metáfora quer demonstrar que o paradigma racional e iluminista, que pretendeu através da segmentação a busca da certeza, atualmente, evidencia uma perda de sentido, não apenas nas áreas do conhecimento, como, por exemplo: o direito, a sociologia, a economia, dentro outras, mas também acarretou um vazio existencial, o que leva à ansiedade, estresse, síndrome do pânico, dentre outros problemas nos cidadãos que compõem a coletividade da *pós-modernidade*.[105]

Essa mesma coletividade espera do Estado normas (princípios e regras) que venham a suprimir seus medos e temores. Ocorre que, quando se discute sobre as funções do Estado, dentre elas a função de elaborar leis e de julgar, necessariamente se fala dos homens, estes é que atuam na realização do direito. Por isso,

---

[103] SOUZA, Edson Luis André de. *Uma invenção...*, op. cit., p. 11 e 12.

[104] Ibid.

[105] O uso do termo pós-modernidade é controvertido quanto ao seu significado e pertinência. Tal dificuldade resulta da complexidade de verificação dos processos em curso com suficiente distanciamento. O sociólogo polonês Zygmunt Bauman, um dos principais popularizadores do termo Pós-Modernidade, utiliza, no sentido de uma forma póstuma da modernidade, preferindo, ainda, a expressão *modernidade líquida*, na qual tudo o que é sólido se desmancha no ar. In: BAUMAN, Zygmunt. *Modernidade líquida*; tradução Plínio Dentzien. Rio de Janeiro: Jorge Zahar Ed., 2001; *O mal-estar na pós-modernidade;* tradução Mauro Gama. Rio de Janeiro: Jorge Zahar Ed., 1998. Já o filósofo francês Gilles Lipovetsky opta pelo termo hipermodernidade, por considerar não ter havido de fato uma ruptura com os tempos modernos, como o prefixo *pós* sugere. Segundo Lipovetsky, os tempos atuais são *modernos*, com uma exarcebação de certas características, tais como o individualismo, o consumismo, a ética hedonista, a fragmentação do tempo e do espaço. In: LIPOVETSKY, Gilles. Pós-modernidade e hipermodernidade. FORBES, Jorge. In: FORBES, Jorge; REALE JUNIOR, Miguel; FERRAZ JUNIOR, Tercio Sampaio (Orgs.). *A invenção do futuro: um debate sobre a pós-modernidade*. Barueri, SP: Manole, 2005, p. 65-78.

Castanheira Neves afirma que talvez a atual situação problemática do direito encontra-se na busca do sentido e de alternativas para o direito enquanto direito.[106] Em outras palavras, talvez o problema do direito seja na verdade um problema de sentido ou, mais do que isso, um esvaziamento de sentido da existência humana.

Dessa forma, quando se questiona sobre quais os fatores que contribuíram para que a valorização da liberdade individual – princípio ovacionado durante o Estado Liberal – não tivesse como consequência uma maior igualização, mas sim um aumento da desigualdade, na verdade, se indaga sobre uma rede complicada de motivos existentes desde a primeira versão do Estado de Direito.

Nas palavras de Ovídio A. Baptista da Silva, *um dos fatos históricos reveladores do vínculo entre Estado de Direito e capitalismo está na circustância de ambos ter-se dado simultaneamente*. A passagem do medievo ao Estado Moderno teve seu ponto de apoio no Direito. Este é um detalhe a ser considerado no percurso da modernidade.[107]

Por isso, no decorrer do texto serão apresentadas algumas colocações sobre o desenvolvimento do Estado de Direito Liberal, no qual prevaleceu, em tese, o princípio da liberdade, até a emergência do Estado Social que visa à igualdade como princípio basilar de sua estrutura. Será demonstrado, a seguir, tanto em um modelo como em outro, que a permanência da (im)perfeição é uma constante talvez somente ultrapassada pela invenção da (des)utopia.

2.2. Apontamentos sobre a liberdade e a igualdade: a (des)utopia conceitual nos Estados contemporâneos

A palavra utopia tem como um conceito comum a ideia de civilização ideal imaginária. Pode referir-se a uma cidade ou a

---

[106] CASTANHEIRA NEVES, A. Coordenadas de uma reflexão sobre o problema universal do directo – ou as condições da emergencia do directo como direito. In: *Estudos em homenagem à Professora Doutora Isabel de Magalhães Callaço*. Coimbra: Almedina, 2000, p. 837-871.
[107] SILVA, Ovídio A. Baptista da. *Processo e Ideologia...*, op. cit., p. 304.

um mundo, sendo possível tanto no futuro quanto no presente. A designação foi criada a partir dos radicais gregos que designam um "não lugar" ou "lugar que não existe". Primeiramente, citado por Thomas More, serviu de título para uma de suas obras para designar um lugar novo e puro, onde existiria uma sociedade perfeita. A partir dessa ideia pode-se fazer várias interpretações e extrair muitos significados.

O desejo de utopia é apresentado pelo psicanalista Souza, em uma perspectiva relacionada ao inacabado e à permanente reinveção.[108] Com isso, o autor quer demonstrar que, através da busca pelo ideal, mesmo aparentemente inatingível, pode ser possível a criação e a invenção de novas perspectivas para a sociedade. É interessante observar que o mencionado psicanalista cita Antonio Negri e a *desutopia constitutiva*.

Negri busca, com o conceito de *desutopia constitutiva*, opor-se à autoridade perversa e moralista da justa medida do sonho de cada um e do sonho coletivo. Mostra o inacabado constituinte de todo e qualquer projeto futuro.[109]

Para o filósofo e cientista social italiano, a *desutopia constitutiva* é um conceito possível do poder constituinte, ou seja, a utopia de um fracasso ou criação temporal que continua a alimentar um sonho. *Romper esta burocracia é fundamentalmente produzir novas metáforas. A utopia, neste sentido, tem que ser pensada dentro de uma química das metáforas.*[110]

É possível perceber que a relação entre o sonho e a realidade atual pode mesclar-se através da (des)utopia, que demonstra o incessante processo de ir e vir: ir ao sonho, voltar à realidade, ir à realidade, voltar ao sonho.

A formação da sociedade atual, baseada totalmente na razão, por vezes, fez com que se anestesiasse a imaginação. *É assim que se desenvolveu o trabalho de todas as ideologias*[111]

---

[108] SOUZA, Edson Luis André de. *Uma invenção...*, op. cit., p. 30.
[109] NEGRI, Antonio. *O poder constituinte...*, op. cit., p. 433-447.
[110] SOUZA, Edson Luis André de. *Uma invenção...*, op. cit., p. 33.
[111] O conceito de ideologia e utopia é desenvolvido por Ovídio Araújo Baptista da Silva na obra *Processo e Ideologia*. É interessante pontuar que, citando Karl Mannheim, Silva afirma que, *enquanto o pensamento ideológico identifica-se com o passado que insiste em perenizar-se, a utopia procura introduzir na realidade algo que seria desejável, porém ainda inexistente, que o pensamento utópico imagina já realizado na situação*

na medida em que se pode conceituá-las como mecanismos de interpretação e orientação da práxis coletiva.

Em outras palavras, *formas que aniquilam fundamentalmente o tempo. A crise busca recuperar parcialmente este tempo. Ela surge como a força da esperança.*[112]

Nesse sentido, Marc Jimenez evoca o princípio da esperança e sustenta que *toda obra de arte teve e ainda tem uma janela utópica por onde podemos ver a paisagem no processo de constituição.*[113]

Toda utopia coloca em discussão um desejo, assim surge o termo desenvolvido por Roger Dadoun: *desejo de utopia.*[114] É movido pelo desejo de uma sociedade igualitária que Immanuel Wallertein afirma que se a inclusão, hoje, é difícil, a exclusão é imoral.[115]

Entretanto, antes de mencionar sobre algumas ressignificações, atualmente, ocorridas com os princípios da liberdade e da igualdade, vale observar, superficialmente, certos aspectos desenvolvidos ao longo da história do Estado.

E, quando se menciona sobre Estado, não há como deixar de falar em Direito, que em uma perspectiva normativista é observado na autonomia objetiva de *um sistema de normas, subsistente numa auto-racional normatividade, abstratamente determinável e prévia à sua realização concreta.*[116] Castanheira Neves sustenta que o racionalismo iluminista concebe o direito como sistema de normas que regula, abstratamente, os casos concretos.

---

presente. Enquanto a ideologia contém um cariz essencialmente conservador, as utopias – distorcendo igualmente a realidade – têm sentido revolucionário. Segundo Mannheim, qualquer situação histórica produzirá utopias, pois *a relação entre utopia e a ordem existente aparece como uma relação dialética.* Para aprofundar o tema, consultar: SILVA, Ovídio A. Baptista da. *Processo e Ideologia...,* op. cit., p. 23.

[112] SOUZA, Edson Luis André de. *Uma invenção...,* op. cit., p. 33.
[113] Ibid.
[114] Ibid., p. 34.
[115] WALLERSTEIN, Immanuel Maurice. *O fim do mundo como o concebemos...,* op. cit., p. 137.
[116] CASTANHEIRA-NEVES, A. *O direito hoje e com que sentido? O problema actual da autonomia do direito.* Lisboa: Instituto Piaget, 2002, p. 23 e 24.

Nessa linha de orientação, o Estado da modernidade, no inicial momento absolutista, nasce na passagem do período medieval para o capitalismo ascendente. Jose Luis Bolzan de Morais e Lenio Streck afirmam que o Estado não tem uma continuidade evolutiva que leva a seu aperfeiçoamento. Na verdade, são as condições econômicas que fazem emergir a forma de dominação apta a atender aos interesses das classes dominantes.[117]

A visão do Estado na tradição contratualista mostra a instituição estatal como criação artificial dos homens, apresentando-o como um instrumento da vontade racional dos indivíduos. Esta escola floresce no intercurso dos séculos XVI a XVIII, sendo que a estrutura básica se dá pela contraposição entre Estado de Natureza e Estado Civil, mediada pelo Contrato Social.[118]

O Estado de Natureza não foi um fato, mas sim uma criação abstrata – uma *hipótese lógica negativa* – para justificar a ocorrência de uma sociedade política organizada.

Para Thomas Hobbes o Estado de Natureza é o mesmo que estado de guerra, situação de total insegurança. Por isso, refere que *o homem é o lobo do homem.*[119]

---

[117] BOLZAN DE MORAIS, Jose Luis; STRECK, Lenio Luiz. *Ciência Política...*, op. cit., p. 28.

[118] Ibid., p. 29.

[119] Conforme Thomas Hobbes: *Torna-se manifesto que, durante um tempo sem um poder comum capaz de manter a todos em respeito, eles se encontram naquela condição a que se chama guerra. Uma guerra que é de todos os homens contra todos os homens.* In: HOBBES, Thomas. *Leviatã, ou matéria, forma e poder de um Estado Eclesiástico e Civil.* Trad. Alex Marins. São Paulo: Martin Claret, 2003, p. 98. Para aprofundar o estudo sobre a obra de Hobbes, salienta-se o livro *Ao leitor sem medo,* de Renato Janine Ribeiro, em que é proposta uma leitura original, partindo do medo, esta paixão civilizatória que conduziu os homens a abandonar o estado natural de guerra, para buscar o conforto no Estado, que lhe garantiria o direito à vida. Mas Ribeiro vai além, para mostrar que, uma vez constituído o Estado, surge outro medo, o medo interior. Dessa maneira, desenvolve um estudo que mostra um outro Hobbes, não apenas como um pensador da burguesia, mas alguém com esperança e que buscava a verdadeira função do soberano na vida política, e sua relação com o poder religioso. In: RIBEIRO, Renato Janine. *Ao leitor sem medo: Hobbes escrevendo contra o seu tempo.* 2. ed. Belo Horizonte: UFMG, 1999. Além desta obra, cita-se, ainda, importante trabalho de Giacomo Marramao, em que o italiano ultrapassa modelos clássicos de interpretação para trazer Hobbes à contemporaneidade. Marramao afirma que *il simbolo del Leviatano, che per ter secoli ha segnato il destino della modernitá, ha oggi irrevocabilmente esauritola sua efficacia.* In: MARRAMAO, Giacomo. *Dopo el Leviatano. Individuo e comunitá.* Torino: Bollati Borinlhieri, 2000, p. 15.

Já para John Locke, conhecido como pai do liberalismo, o estágio pré-social apresenta uma paz relativa, pois nele há um certo domínio racional das paixões e dos interesses.[120]

Entretanto, Rousseau o define como estado histórico de felicidade.[121]

Destaca-se que este Estado da modernidade é uma inovação, porque o poder passa para uma Instituição, que possui um titular: o Estado, sendo que suas condições de existência foram consideradas o território, a nação, mais potência e autoridade. Ou, para citar uma definição corrente e autorizada: o Estado é composto por *um ordenamento jurídico destinado a exercer o poder soberano sobre um território, ao qual estão necessariamente subordinados os sujeitos a ele pertencentes*.[122]

Assim, na sua versão absolutista, o Estado concentrava os poderes nas mãos do monarca, o que permitia personificá-lo na figura do rei. A centralização de poder foi essencial para os propósitos da burguesia no nascedouro do capitalismo, quando esta, por razões econômicas, "abriu mão" do poder político, delegando-o ao soberano.

Todavia, na virada do século XVIII, essa mesma classe não mais se contentava em ter o poder econômico, queria também o político, até então, privilégio da aristocracia.

---

[120] Em Locke: *Está, pois, clara a diferença entre estado de natureza e estado de guerra, que apesar de terem sido confundidos, diferem tanto um do outro como um estado de paz, boa vontade, cooperação mútua e preservação, e um estado de inimizade, malícia, e destruição recíproca. Quando os homens convivem segundo a razão, sem uma autoridade superior comum no mundo que possa julgar entre eles, verifica-se propriamente o estado de natureza. Todavia o uso da força, ou sua intenção declarada, contra a pessoa de outrem, quando não existe qualquer instância superior comum sobre a terra para quem apelar, configura o estado de guerra; e o não ter possibilidade de apelo dá ao homem o direito de guerra contra um agressor, embora pertença a mesma sociedade e seja igualmente súdito.* In: LOCKE, John. *Segundo tratado sobre o governo*. Trad. Alex Marins. São Paulo: Martin Claret, 2003, p. 32. Para aprofundar o tema sobre os contratualistas, consultar: WEFFORT, Francisco C. (Org). *Os clássicos da Política*. v. I e II. São Paulo: Ática, 1989.

[121] Para Rousseau: *o homem nasceu livre, e por toda a parte geme agrilhardo; o que julga ser senhor dos demais é de todos o maior escravo. Donde veio tal mudança? Ignoro-o. Quem a legitima? (...)* In: ROUSSEAU, Jean-Jacques. *Do contrato social*. Trad. Pietro Nassetti. São Paulo: Martin Claret, 2003, p. 23.

[122] MORTATI *apud* BOBBIO, Norberto. *Estado, Governo e Sociedade*. São Paulo: Paz e Terra, 2003, p. 94.

Assim, ocorreram as revoluções burguesas e, a partir delas, o surgimento de um Estado de Direito Constitucional,[123] o qual visava à proteção dos direitos fundamentais individuais e limitava o poder à Carta Maior de determinado Estado.

Depois de um longo período de total controle estatal, a burguesia desejava liberdade, decorrendo daí a denominação de Estado Liberal como um Estado negativo, que, "em tese", não interfere na ordem social.

Salienta-se que o Estado negativo com intervencionismo zero nunca foi experimentado, porque, *desde sua criação, a atividade estatal sempre se deu, em maior ou menor escala, voltada para fins distintos, porém algum grau de intervencionismo sempre foi experimentado*, caso contrário estaria evidenciada a própria supressão do Estado como ente artificial que deve responder às características postas pelo Contrato Social.[124] Apenas por sua existência na ordem jurídica, o Estado implica intervenção.

Essa intervenção estatal, basicamente, ocorre por meio do Direito caracterizado pelo paradigma racionalista, sendo que, nas palavras de Savigny, os juristas práticos deveriam abandonar o exame dos casos concretos, dada a extrema complexidade de que eles se revestem, subordinando-os a "regras gerais". Conforme o autor, *não haveria remédio senão renunciar à sabedoria da experiência, como já haviam preconizado os filósofos do Iluminismo, afastando-se cada vez mais da realidade social.*[125]

---

[123] No tocante à recuperação histórica do Direito Constitucional, salienta-se a obra de Nicola Matteucci intitulada *Organización del poder y libertad*. Este livro traz um relato da história dos poderes, instituições, agrupamentos e comportamentos políticos, explicando tanto o constitucionalismo histórico como o atual, estudando o passado para entender o presente. Desde seu início, o constitucionalismo caracteriza-se por constituir, em determinado território, um sistema político, uma cultura jurídica e um sistema de liberdades antes do poder, de garantias antes da instituição, de autonomia antes do agrupamento e de subjetividade e prioridades antes do comportamento de participação. A história política guarda estreita relação com a liberdade, pois esta resulta da ação dos poderes. Segundo Matteucci, o constitucionalismo é cultura, uma cultura com três dimensões: jurídico de liberdade; judicial de garantias e adjudicações; e política de mandatos, responsabilidades e controles. Se essas características não estiverem presentes, não há constitucionalismo, até poderá haver sistema jurídico, mas não constitucionalismo. Constitucionalmente, não há acesso a poderes sem travessia de direitos e não se pode dizer que um Estado é constitucional simplesmente por pertencer a um tempo. In: MATTEUCCI, Nicola. *Organización...*, op. cit.

[124] Ibid., p. 68.

[125] SILVA, Ovídio A. Baptista da. *Processo e Ideologia...*, op. cit., p. 38.

Entretanto, mesmo com esse exagerado dogmatismo evidenciado acima, o Estado de Direito Liberal apresenta-se como uma evolução em relação ao modelo anterior absolutista.

Através do Direito e do desenvolvimento do constitucionalismo, o poder estaria limitado e possuiria uma subdivisão em funções, bem como estariam tutelados os direitos e garantias fundamentais.

O mencionado modelo estatal se desenvolveu, primeiramente, nos países que iniciaram as revoluções liberais, como a França e o Estados Unidos.

Isso levou Alexis de Tocqueville[126] a viajar aos EUA no século XIX para realizar pesquisas sobre a sociedade liberal americana. A partir desta experiência, pontua este autor que uma das vantagens dos americanos foi o fato da democracia ter chegado sem a necessidade de revoluções democráticas, pois os americanos nasceram iguais, em vez de terem ser tornado.[127] Não havia a diferença entre nobres, aristocracia e burguesia. Igualmente, refere que *o individualismo é de origem democrática e ameaça desenvolver-se à medida que as condições se igualam.*[128]

Deve-se destacar o fato de que Tocqueville, quando escreve que os americanos nasceram iguais, nada menciona sobre a escravidão e a grande discriminação racial que germinou já no início da história "democrática" dos Estados Unidos.

Com efeito, o que o referido pesquisador quer dizer é que os homens que viviam nas eras aristocráticas estavam ligados de uma maneira íntima a algo que estava posto, como, por exemplo, a origem familiar. Isso os fazia esquecer, muitas vezes, de seus próprios desejos e vontades. Nas eras democráticas, ao contrário, a dedicação para com os homens se torna cada vez mais rara.

---

[126] Não será objeto do presente trabalho aprofundar a discussão sobre a obra de Tocqueville. Conforme Jon Elster, não se considera que Tocqueville tenha sido uma figura muito importante no desenvolvimento das ciências sociais. Escreveu como um historiador. Ver: ELSTER, Jon. Las consecuencias de la elección constitucional: reflexiones sobre Tocqueville. In: ELSTER, Jon; SLAGSTAD, Rune. *Constitucionalismo y democracia.* Fundo de Cultura Económica: México, 2001, p. 111.

[127] TOCQUEVILLE, Alexis. *A democracia na América:* sentimentos e opiniões. Livro II; tradução Eduardo Brandão. São Paulo: Martins Fontes, 2000, p. 124.

[128] Ibid., p. 119.

Nas palavras do autor: *como cada classe se aproxima das outras e se mistura com elas, seus membros se tornam indiferentes e como se estranhos uns aos outros.*[129] À medida que as condições se igualam os indivíduos acostumam-se a se considerar sempre isoladamente.

Salienta, ainda, que:

> Os povos democráticos têm um gosto natural pela liberdade; entregues a si mesmos, eles a procuram, amam-na e condoem-se quando se afastam dela. Mas tem pela igualdade uma paixão ardente, insaciável, eterna, invencível; querem a igualdade na liberdade e, se não a podem obter, querem-na na escravidão. Suportarão pobreza, a submissão, a barbarie, mas não suportarão a aristocracia.[130]

Tocqueville menciona, várias vezes, a defesa da liberdade e da igualdade, como valores essenciais aos americanos, tentando ressaltar as vantagens do sistema democrático, que possibilita a tutela desses princípios. Porém, nos EUA é difícil conciliar os dois valores apresentados, sendo que se tem constatado uma prevalência da liberdade, mesmo com o desenvolvimento das *ações afirmativas e políticas envolvendo a discriminação positiva*.[131]

Ronald Dworkin refere que, nos últimos anos, certos juízes americanos consideram inconstitucional qualquer preferência racial no processo de admissão. Entretanto, posiciona-se em defesa das ações afirmativas e refere que será muito triste se a Suprema Corte inverter veredito tão antigo que permite às Universidades a estipulação de quotas raciais.[132]

Essa discussão em torno da permanência ou não de políticas afirmativas nos EUA remete à complicada relação entre os

---

[129] TOCQUEVILLE, Alexis. *A democracia na América...*, op. cit., p. 120 e 121.

[130] Ibid., p.117.

[131] O debate em torno da igualdade formal e material envolve intensas divergências que giram em torno da possibilidade de que as funções estatais estabeleçam determinadas diferenças para que se atinja a igualdade material. Isso remete à questão da reserva de vagas sociais, raciais, para deficientes físicos, etc. A discriminação positiva surgiu nos Estados Unidos na década de 60 para combater a diferença entre os brancos e negros. Entretanto, atualmente, muitos advogados americanos temem que a Suprema Corte reconsidere seu veredito no processo Bakke, no qual se decretou que as preferências raciais são permissíveis se sua finalidade for aumentar a diversidade racial entre os alunos. Para aprofundar o tema, consultar: DWORKIN, Ronald. *A virtude soberana. A teoria e a prática da igualdade;* tradução: Jussara Simões. São Paulo: Martins Fontes, 2005, p. 581.

[132] Ibid., p. 582.

princípios forjados na e pela revolução francesa do século XVIII: a liberdade, a igualdade e a fraternidade. É possível conciliar liberdade com igualdade? E quanto à fraternidade? Pergunta-se: fraternidade entre iguais ou desiguais?

Na verdade, percebe-se que no decorrer do tempo, *tanto o liberalismo como a democracia são palavras-ônibus. Cada uma delas recebeu múltiplas definições, frequentemente contraditórias.*

Wallerstein escreve que os dois termos têm tido entre si uma relação ambígua, principalmente quando começaram a ser utilizados nos discursos políticos modernos. Dessa forma, considera-os como irmãos inimigos, que possuem uma rivalidade fraterna muito intensa. Logo, representam iniciativas em direções diferentes.[133]

Castanheira Neves, citando Tocqueville, chega a afirmar que a igualdade sem o correlativo da liberdade – *tem sempre por resultado a entrega abdicante a um poder-providência de que tudo depende e que, portanto, também tudo pode – é a raiz social dos despotismos* (...).[134]

Nas diferentes épocas históricas, os irmãos permaneceram a se enfrentar, em constantes ciclos de disputa e aparente conciliação.

No século XVIII cresceu o ideal liberal, em que a autonomia da vontade e de possibilidades criadas pela capacidade de cada indivíduo deveria prevalecer. Porém, com o passar o tempo, as necessidades sociais foram sendo alteradas, levando, no século XIX, à consequente mudança do Estado Liberal para o Estado Social.

Dentre os principiais aspectos que ocasionaram esta nova transição, pode-se citar: motivos de ordem econômica, em razão da liberdade de mercado propiciar o surgimento de economias de escala que favoreciam posições monopolísticas; as crises cíclicas do mercado capitalista, que aprofundavam as diferenças sociais; presença de efeitos externos à produção: poluição, congestionamento, esgotamento dos recursos naturais; consequências de

---

[133] WALLERSTEIN, Immanuel Maurice. *O fim do mundo como o concebemos...*, op. cit., p. 123.

[134] CASTANHEIRA-NEVES, A. *O direito hoje...*, op. cit., p. 51.

ordem política, através da luta pelos direitos fundamentais (desenvolvimento das teorias socialistas); destruição e medo ocasionado pelas guerras, etc.[135]

Com isso, ocorreu uma maior intervenção "no" e/ou "sobre" o domínio econômico. Da propriedade privada dos meios de produção passou-se à função social da propriedade; da liberdade contratual passou-se ao dirigismo contratual. Da centralidade exclusiva da liberdade (individual), à igualdade (social). Da "regulação", à "prestação".

No entanto, o alicerce básico do Estado Liberal se manteve com a permanência da separação entre trabalhadores e os meios de produção, o que gerava mais-valia com a apropriação privada dos resultados do trabalho/produção pelos detentores do capital.[136] Ou seja, os fundamentos econômicos do liberalismo – como capitalismo – permaneceram inalterados, mesmo que matizados.

Ainda, na passagem para o Estado Social destaca-se um crescimento das atribuições do Poder Executivo e uma reconfiguração daquelas próprias do Poder Legislativo, devido à necessidade de imediatidade de medidas econômicas para regular o mercado e de implementação das garantias sociais e demais conteúdos emergentes das políticas de bem-estar e assecuratórias, sem que isso significasse um apequenamento desta função estatal, mas, isto sim, um verdadeiro deslocamento na centralidade da ação estatal.

Ademais, com a derrogação do voto censitário, sobretudo pela pressão das massas excluídas, produziu-se um aumento das propostas políticas a fim de alcançar este novo eleitorado.[137]

O Estado passou a intervir em maior escala devido, por um lado, ao interesse da própria burguesia, que se sentia ameaçada pelas tensões sociais existentes e pelo fato de se beneficiar com a expansão do capital através das próprias verbas públicas. Por outro, foi a força das demandas populares, alavancadas pela organização social das classes trabalhadoras, que exigiu um rear-

---

[135] BOLZAN DE MORAIS, Jose Luis; STRECK, Lenio Luiz. *Ciência Política...*, op. cit., p. 73 e 74.
[136] Ibid., p. 75.
[137] Ibid., p. 76.

ranjo profundo no formato e no conteúdo da autoridade pública e da ação estatal.

Cumpre observar que a diferença entre o modelo do Estado assistencialista para o intervencionismo – do Estado Social – contemporâneo é o fato de a regulação não significar a troca das garantias pela liberdade pessoal, uma vez que o beneficiado, no último caso, era considerado perigoso à ordem pública, enquanto no modelo de Bem-Estar, as prestações públicas são percebidas e construídas como uma conquista da cidadania. Além disso, salienta-se que no *Welfare State,* nomenclatura americana, ocorre um comprometimento com a concretização de sua função social.

Pode-se caracterizar o Estado Social (Estado como garantidor de qualidade de vida) como um modelo que garante tipos mínimos de renda, alimentação, saúde, habitação, educação, assegurados a todo cidadão, não como caridade, mas como direito político, como sustentado por nós em outros tantos trabalhos.

Norberto Bobbio afirma que, na tentativa de garantir qualidade de vida e equilíbrio nas relações sociais, estabelece-se um novo contrato social, que nomina de socialismo liberal, no qual se incluem princípios de justiça distributiva, buscando a implementação da democracia com um caráter igualitário.[138]

Entretanto, existem diversas críticas com relação a esse modelo de Estado. Exemplificativamente pode-se reportar dois argumentos recorrentes.

De um lado, na esteira de Boaventura de Souza Santos, percebe-se o Estado Providência ou Social, como uma instituição política criada nas sociedade capitalistas para compatibilizar as promessas da modernidade com o desenvolvimento capitalista.

De outro, para os neoliberais, esse modelo precisa ser "reformado" em razão mesmo de sua incapacidade de responder a um novo arranjo econômico, bem como dos malogros de sua política social hoje insustentável. Para tanto, propõem os ditos "neoliberais" – de fato, "neocapitalistas" – um "retorno ao passado" de um modelo de Estado mínimo, ao feitio daquele inaugurado pelo projeto do liberalismo clássico ou, de outro modo – mais

---

[138] BOBBIO, Norberto. *O futuro da democracia.* São Paulo: Paz e Terra, 2000.

realista –, uma redefinição do e no sentido da intervenção estatal, devendo esta estar voltada, como própria à tradição capitalista – à proteção do capital e das virtudes de um mercado transformado e de uma sociedade civil descolada do espaço público estatal.[139]

Cabe pontuar que o princípio de que "todos são iguais perante a lei" é, também, um pressuposto liberal construído no contexto desta tradição e sob sua pauta sócio-político-econômico--antropológica. *A igualdade é uma abstração que nos obriga a despir o homem concreto da riqueza de seu ser individual.*[140]

Nesse viés, Wallerstein sublinha que o discurso liberal racional permaneceu durante do Estado Social "igualitário". Ao mesmo tempo em que o liberalismo tece imensos louvores ao potencial de integração dos excluídos, permanece defendendo a minoria capitalista. *Mas não é o grupo minoritário que ele defende, é sim a minoria simbólica, o indivíduo racional heróico contra a multidão – isto é, ele mesmo.*

Com efeito, os liberais não se opuseram ao conceito de aristocracia, mas à ideia de *status* definido pela origem genética. Daí que é defendido o termo meritocracia, como um conceito igualitário, porque aberto a todos, embora isso possa evidenciar uma máscara perniciosa, já que, através de um discurso universalista, se objetiva manter os padrões de hierarquia e desigualdade social.[141]

Liberais e democratas destoaram frequentemente uns dos outros, defendendo temas profundamente diversos. *Os liberais não apenas dão prioridade à liberdade; eles se opõem à igualdade, pois se opõem vigorosamente a qualquer conceito medido em função do resultado.* Walllerstein acresce que, enquanto o liberalismo é a defesa do governo racional, baseando no julgamento informado dos mais competentes, a igualdade se apresenta como um conceito nivelador e extremista.[142]

---

[139] SOUZA SANTOS, Boaventura apud BOLZAN DE MORAIS, Jose Luis; STRECK, Lenio Luiz. *Ciência Política...*, op. cit., p. 84. Consultar, ainda: SOUZA SANTOS, Boaventura. *Para uma revolução democrática da justiça.* São Paulo: Cortez, 2007.
[140] SILVA, Ovídio A. Baptista da. *Processo e Ideologia...*, op. cit., p. 303.
[141] WALLERSTEIN, Immanuel Maurice. *O fim do mundo como o concebemos...*, op. cit., p. 128 a 132.
[142] Ibid.

Contudo, os democratas não se opõem à liberdade, mas sim afirmam que só pode haver liberdade num sistema baseado em igualdade, pois pessoas desiguais não podem ter capacidades iguais de participarem de decisões coletivas. Atualmente, essa teoria tem recebido o nome de igualiberdade ou de um processo único.[143]

É por essas e outras razões que, já no século XX, se desenvolve um novo conceito, na tentativa de fortalecer o ideal democrático em conexão com o Estado de Direito, no qual estão presentes as conquistas sociais com ideais igualitários.

Já na perspectiva do Estado Democrático de Direito apresenta-se um conteúdo de transformação da realidade, não se restringindo àquilo peculiar ao Estado Social de Direito, demarcado por um rearranjo "conservador" de pressupostos intransponíveis do liberalismo e, particularmente, de sua economia capitalista.

Assim, o conteúdo do Estado Democrático de Direito *ultrapassa o aspecto material de concretização de vida digna do homem e passa a agir simbolicamente como fomentador da participação pública na reconstrução da sociedade.*[144]

Atualmente, repete-se permanentemente, é necessário trabalhar em busca de um relacionamento entre a liberdade e igualdade, para que assim se realizem escolhas sociais para o século XXI.

É importante destacar que, mesmo depois dessas modificações paradigmáticas, os Estados e a sociedade como um todo permanecem enfrentando diversas crises: as diferenças sociais aumentaram, permanecendo a exclusão, a violência, a discriminação, dentre outras questões próprias ao pressuposto da dignidade da pessoa humana, tanto em nível nacional quanto internacional.

Os sucessos e os fracassos parecem andar de mãos dadas em um eterno retorno, bem ao estilo nietzchiano.

Wallertein afirma que essas desilusões podem ter sido causadas por alguns elementos, como por exemplo, a descrença na

---

[143] BALIBAR, Etienne *apud* WALLERSTEIN, Immanuel Maurice. *O fim do mundo como o concebemos...,* op. cit., p. 132.
[144] Ibid., p. 97 e 98.

Velha Esquerda histórica, a ofensiva maciça para desregulamentar o Estado de Bem-estar Social , a polarização econômica, social e demográfica, etc.[145]

É patente que as sociedades contemporâneas se tornam cada vez mais desiguais, apesar das conquistas constitucionais, das políticas públicas, das ações e das articulações sociais. E o "curto" Século XX – como refere Hobsbawn – parece evidenciar tudo isso, com uma clareza ao mesmo tempo evidente e repugnante.

Segundo alguns dados do Programa das Nações Unidas para o Desenvolvimento (PNUD):

> Em África, as mulheres levam 15 ou 17 horas por semana e andam 10 quilómetros por dia para obter água para suas famílias. É, igualmente, chocante que os quinhentos indivíduos mais ricos do mundo tenham tanto rendimento quanto o dos 40 países mais pobres com 416 milhões de habitantes, ou que no Zimbabué, 1 a 2% da população (brancos) ocupe 90% da terra agrícola e 4000 agricultores (brancos) cosumam 90% da água disponível para o regadio. O nosso é, de facto, um mundo desigual.[146]

A questão que se coloca é como construir estruturas e movimentos que avancem na direção da igualização social ou, pelo menos, de uma mais efetiva redução dos padrões de desigualdade.

No decorrer do texto, serão apresentatas algumas tentativas de invenção, que vão da negação à busca pela utopia e, por óbvio, restritas ao universo discursivo próprio ao ambiente de ação e atuação dos autores.

Uma destas possibilidades é o desenvolvimento de um novo olhar sobre a jurisdição e o processo dentro dos Estados envoltos pelo constitucionalismo contemporâneo, assumindo-se a centralidade do papel dos sistemas de justiça – constitucional – contemporâneos no e para o processo de realização dos grandes acordos culturais instalados nas Constituições, sobretudo do pós-guerra, voltados que estão para a realização da dignidade da pessoa humana, para a redução das desigualdades, para a construção de sociedades justas e solidárias, para, enfim, a formatação de um

---

[145] BALIBAR, Etienne *apud* WALLERSTEIN, Immanuel Maurice. *O fim do mundo como o concebemos...*, op. cit., p. 133 e 134.

[146] SOUZA SANTOS, Boaventura. *Para uma revolução democrática...*, op. cit.

novo mundo "possível", apenas para parafrasear o mote reiterado do Fórum Social Mundial (FSM).

2.3. A jurisdição e o processo: ressignificações democráticas e o constitucionalismo

As verificações precedentes envidenciaram que o sistema do Direito atual, mesmo imerso na pós-modernidade, ainda mantém-se próximo àquilo concebido na tradição hobbesiana, para quem a discussão em torno da justiça seria uma atribuição do soberano, pois o juiz deveria apenas limitar-se à aplicação da vontade Estado expressa no texto legal.[147]

Entretanto, não há como negar que o sistema processual e a atuação jurisdicional possuem inevitáveis compromissos históricos e culturais, o que leva à necessidade de questionamentos e interrogações sobre o momento em que se encontra o Direito e, conjuntamente, acerca do papel, forma e fórmulas de atuação do sistema de justiça e de seus diversos atores, como ambiente privilegiado de ação política e de disputa pela consolidação do projeto de Estado e de sociedade forjado pelo "contrato social constitucional".

Verifica-se que, no decorrer da evolução estatal, *o homem conquistou a plena liberdade, mas não tem como usá-la; melhor, somente desfrutará da sensação de liberdade se permanecer fiel ao sistema.*[148] Assim, Wallerstein refere que os dilemas que se enfrentam hoje são o resultado de um mundo que não se afasta das prerrogativas de uma economia capitalista e de suas fórmulas de integração social.[149]

Dentre os motivos que fundamentam o fato da liberdade não ter como consequência natural a igualdade, está a permanência do paradigma anterior de caráter liberal-individualista, pois todo o sistema estatal manteve-se atrelado ao indivualismo,

---

[147] SILVA, Ovídio A. Baptista da. *Processo e Ideologia...*, op. cit., p. 298.
[148] Ibid.
[149] WALLERSTEIN, Immanuel Maurice. *O fim do mundo como o concebemos...*, op. cit., p. 117.

inclusive a atuação jurisdicional que permanece voltada aos conflitos pessoais (inter)subjetIvos e com viés declaratório, como preconizavam os revolucionários franceses.

Ovídio Araújo Baptista da Silva constata que o Direito moderno, particularmente o direito da tradição romano-canônica, *vem assumindo paulatinamente compromissos cada vez mais profundos com a Política e, naturalmente, com a economia. É o fenômeno descrito como funcionalização do direito processual civil.*[150] Além disso, mantém o pressuposto iluminista de que a lei tem uma "vontade constante", reduzindo o ato jurisdicional a uma função oracular, normativista, dispensando a compreensão hermenêutica[151] e a fundamentação jurisdicional.

Conforme este processualista, *a questão encaminha-se para um problema mais amplo, de natureza transcendental. No momento atual, cumpre investigar se a justiça é um valor inerente à natureza humana ou, ao contrário, como pensava Kelsen, uma mera ilusão.*

Vale observar que os antropólogos demonstram que o Direito esteve presente em todas as comunidades humanas, por mais ou menos regulamentares que tenham sido. Daí que o Direito enquanto expressão do justo é um fenômeno cultural que nada tem a ver com o Estado. *Ao contrário do que dissera o*

---

[150] SILVA, Ovídio A. Baptista da. *Jurisdição, Direito material e processo*. Rio de Janeiro: Forense, 2008. Nota explicativa.

[151] A história da hermenêutica é uma historiografia a partir dos tempos e, portanto, uma construção. Este caminho desenvolveu-se até o século XVII ainda sem possuir nome, sendo antigamente chamado de *ars interpretandi*, sendo retomado e posteriormente desenvolvido por ramos da ciência, como crítica da exegese ou da filosofia. A explicação etimológica que gira em torno de *hermènêus* e da *hermèneutike* é relacionada, em regra, com o *deus mediador Hermes*, portador da vara mágica que possibilitava aos humanos compreender os desígnios divinos. Surge, assim, a ideia de um mensageiro divino, que transmite e esclarece o conteúdo da mensagem dos deuses aos mortais. Na realidade, não se sabia o que os deuses disseram, somente se sabia o que Hermes disse acerca do que os deuses previam. Daí aparece a (inter)mediação. Dessa maneira, Streck refere que é na metáfora de Hermes que se localiza toda complexidade do problema hermenêutico, pois trata de como atribuir sentido as coisas. Para aprofundar o estudo sobre a teoria hermenêutica, consultar: GRONDIN, Jean. *Introdução à hermenêutica filosófica*. São Leopoldo: Unisinos, 1999; STRECK, Lenio Luiz. *Hermenêutica Jurídica...*, op. cit. Cita-se, ainda, outras importantes do último autor mencionado: *Jurisdição constitucional e hermenêutica: uma nova visão crítica do Direito*. 2. ed. Rio de Janeiro: Forense, 2004; *Verdade e Consenso. Constituição, Hermenêutica e Teorias Discursivas. Da possibilidade à necessidade de respostas corretas em direito*. 3. ed. Rio de Janeiro: Editora Lumen Juris, 2009.

positivismo, não foi o Estado que inventou o Direito, mas o contrário, o Direito que deu vida ao Estado.[152]

É por essa razão que se tentará demonstrar que a origem do termo *iurisdicio*, atualmente, deve ser (re)visitada para se poder pensá-la no contexto de sua efetivação no âmbito do Estado Democrático contemporâneo, de seus dramas, dilemas e perspectivas.

Existe uma crença de que o Direito Moderno é herança do Direito Romano. Entretanto, deve-se diferenciar, como na perspectiva de Ovídio Baptista, a *iurisdictio* do período republicano e a jurisdição praticada nos estágios finais do império romano, a partir do terceiro século da era cristã. Neste período, o Direito transforma-se em assunto de Estado, institucionalizando-se, torna-se instrumento de governo.[153]

Silva refere que o retorno do Direito moderno à *iurisdictio* confunde a função do iudex, que apenas julgava, com o exercício da jurisdição, própria do Pretor. Com efeito, o juiz privado (iudex) que não era investido do poder jurisdicional, dizia o direito já indicado pelo Pretor.

Em outras palavras, ao Pretor que possuía a *iurisdictio* cabia indicar a norma que haveria de regular o caso, em uma função análoga à do atual legislador. Já o iudex limitava-se a "aplicar" o direito que o Pretor lhe indicara.[154]

De acordo com a explicação de Carlo Gioffredi, a *iurisdictio* nem mesmo poderia ser considerada uma atividade análoga à função legislativa moderna, porque a jurisdição não se identificava com um enunciado de normas, nem se limitava a resolução de controvérsias, mas era sim específica para o caso concreto.[155]

Dessa forma, percebe-se a diferença entre o que, modernamente, entende-se por jurisdição, relacionada à declaração do direito aplicável à espécie litigiosa, e a jurisdição praticada pelo direito romano clássico.

---

[152] STRECK, Lenio Luiz. *Hermenêutica Jurídica...*, op. cit., p. 280.
[153] Ibid., p. 264.
[154] Ibid., p. 268.
[155] Ibid., p. 269.

No processo romano clássico, o direito nascia do fato, para significar que o Pretor, como os atuais magistrados, ao receberem a lide, não tratavam de uma entidade abstrata, mas de um complexo conjunto de fatos e situações.[156]

Daí a importância de se ter presente a necessária relação entre "direito"e "fato".

Nesse viés, Castanheira Neves refere que é fundamental a necessidade de observância da situação histórica. Menciona, ainda, o jurista português, que não se deve verificar *o direito e o facto, mas, e simultaneamente, o direito do facto e o facto do direito, pois (...) o facto e o direito existem enquanto coexistem.*[157]

Deve-se buscar a efetividade do ordenamento jurídico com verificação, análise e fundamentação dos casos concretos, e não a estandartização dos julgados, que prejudicam não só o acesso ao Poder Judiciário, como parte central do sistema de justiça, mas também dificultam a implementação do Estado Democrático do Direito que precisa "reconhecer" para poder realizar seus desígnios transformadores.

Silva observa que *a estrutura elementar de qualquer julgamento, seja jurídico ou moral, pressupõe juízos sobre condutas humanas, portanto nunca decisões sobre puras normas. Assim, descobre-se o direito a partir do fato. Sem fato contextualizado, o direito, que é uma espécie de conhecimento prático, não poderá ser descoberto.*[158]

Com isso, percebe-se que trabalhar com a jurisdição não é o mesmo que cuidar de direitos subjetivos, mas sim pesquisar a realidade. Essa pesquisa parte de um conjunto de fatos e circunstâncias que darão ao direito concretude e efetividade.

Assim, ao tratar da jurisdição – aqui pensada no contexto de "sistema de justiça" – como espaço privilegiado de/para transformação da realidade é possível fazer uma ligação com o movimento que se denominou de neoconstitucionalismo e com a

---

[156] STRECK, Lenio Luiz. *Hermenêutica Jurídica*..., op. cit., p. 277.

[157] CASTANHEIRA NEVES, A. *Questão-de-facto – questão-de-direito ou o problema metodológico da juridicidade. Ensaio de uma reposição crítica.* Coimbra: Almedina, 1967.

[158] SILVA, Ovídio A. Baptista da. *Jurisdição*..., op. cit., p. 277.

modificação ocorrida na *jurisdição constitucional*[159] contemporânea, servindo-lhe de pressuposto.

É notório que o Direito Constitucional Moderno, bem como a própria jurisdição constitucional, surgiu, juntamente, com a ideia de Estado da modernidade. Dito de outra forma: constitucionalismo e jurisdição são contemporâneos e expressões da tradição política moderna.

Logo, o Estado de Direito Liberal, voltado à defesa dos interesses da burguesia capitalista do século XVIII, também faz parte deste contexto, muito embora tal não seja uma experiência estática, como se percebe do reconhecimento da história recente da fórmula "Estado".

Por outro lado, há que se reconhecer, ainda, que, atualmente, o constitucionalismo se apresenta como um espaço de "abertura" e de relacionamento do direito interno ao internacional, ou vice-versa, com vistas à superação *do binômio monismo-dualismo*.[160] E tal aparece como mais uma novidade peculiar e caracterizadora deste "novo momento constitucional".

O momento histórico do novo direito constitucional na Europa Ocidental foi marcado pelo constitucionalismo do pós-guerra, especialmente na Alemanha e na Itália. Já no Brasil tal se produziu com a promulgação da Constituição de 1988 e o processo de redemocratização que ela ajudou a consolidar.

---

[159] Mauro Cappelletti salienta que a jurisdição ou justiça constitucional não se identifica com o tema do controle jurisdicional das leis, pois este *não representa senão um dos vários possíveis aspectos da assim chamada justiça constitucional*. Aduz, ainda, que a jurisdição constitucional tem a função de tutela das garantias constitucionais, tais como os direitos fundamentais das liberdades, o julgamento de *habeas corpus*, o controle sobre legitimidade constitucional dos partidos políticos, etc. Já o controle de constitucionalidade é mais restrito, significa verificar a adequação da legislação infraconstitucional à Constituição. In: CAPPELLETTI, Mauro. *O controle judicial de constitucionalidade das leis no direito comparado.* Porto Alegre: Fabris, 1984, p. 23-25.

[160] Não é objeto do presente trabalho tratar desta complicada questão que envolve a relação entre o direito interno e o internacional. Apenas a título de esclarecimento, observa-se que o dualismo percebe o direito internacional e o direito interno como dois sistemas iguais, independentes e separados, enquanto o monismo percebe uma unidade lógica das regras internas e internacionais, o que implica um imperativo de subordinação entre uma e outra. Logicamente há quem defende a primazia do direito interno e quem sustenta o primado do direito internacional sobre o interno. In: SEITENFUS, Ricardo; VENTURA, Deisy. *Introdução ao Direito Internacional Público;* 2. ed. rev. Porto Alegre: Livraria do Advogado, 2001, p. 26.

Nesta linha, Streck afirma que o *neoconstitucionalismo significa ruptura, tanto com o positivismo, como com o modelo de constitucionalismo liberal. Por isso, o direito deixa de ser regulador para ser transformador.*[161]

A reconstitucionalização da Europa, logo após a Segunda Grande Guerra e no decorrer da segunda metade do século XX, redefiniu o lugar das Constituições e, por decorrência, a importância do direito constitucional sobre as instituições contemporâneas. Dessa forma, ocorreu uma maior e mais efetiva aproximação entre as ideias de constitucionalismo e democracia, o que produziu um rearranjo nas formas de organização política moderna e liberal.

A principal referência no desenvolvimento do novo direito constitucional é a Lei Fundamental de Bonn de 1949, e, particularmente, a criação do Tribunal Constitucional Federal Alemão, inaugurado em 1951.

Foi a partir deste momento, e neste contexto, que teve início uma fecunda produção teórica e jurisprudencial, responsável pela ascensão científica do direito constitucional no âmbito dos países da tradição romano-germânica.

Por outro lado, merece destaque, ainda, a Constituição da Itália de 1947 com a subsequente instauração da Corte Constitucional Italiana, em 1956, bem como, ao longo da década de 70, a Constituição de Portugal, em 1976, e a Espanha, em 1978, do que o constitucionalismo brasileiro vai apresentar-se como herdeiro.[162]

No Brasil, o ambiente de reconstitucionalização que o processo de redemocratização instalou nos anos 1980, e que, com a eleição da Assembleia Constituinte – embora não exclusiva – e como os trabalhos constituintes que deram origem à Constituição de 1988 instaurou, foi-se capaz de promover a travessia de duas décadas de autoritarismo para um regime democrático e, mais do que isso, a vivência do mais longo período de estabilidade institucional da história republicana, com a inscrição de um novo

---

[161] STRECK, Lenio Luiz. *Verdade*..., op. cit., p. 7.
[162] BARROSO, Luis Roberto. Neoconstitucionalismo e constitucionalização do direito. O triunfo tardio do Direito Constitucional no Brasil. Disponível em: <http// www. http://jus2.uol.com.br/doutrina/texto.asp?id=7547>. Acesso em: 27 set. 2007.

constitucionalismo alicerçado em um amplo catálogo de direitos fundamentais, com uma base principiológica própria das democracias constitucionais contemporâneas.

Ao longo de sua vigência, além da disputa por sua implantação, destituiu-se por um processo de *impeachment* um Presidente da República; houve, também, julgamentos referentes a graves escândalos envolvendo a Comissão de Orçamento da Câmara dos Deputados; foram afastados Senadores envolvidos em esquemas de corrupção; foi eleito um Presidente de oposição e do Partido dos Trabalhadores; foram investigadas denúncias em torno de financiamento de campanhas e de vantagens recebidas por parlamentares, etc.[163]

Dentre os exemplos citados, pode-se perceber a centralidade assumida pela Corte Constitucional, decidindo claramente problemas políticos e não apenas jurídicos.

O Direito Constitucional brasileiro, iniciado com o Estado Democrático em 1988, adquiriu uma importância não apenas técnica, mas passou a simbolizar conquistas e, também, incorporou um papel de mobilização do imaginário das pessoas na perspectiva de busca e demanda pela realização de garantias, direitos e prerrogativas presentes no texto legislado.

Isso aponta para a construção de um *sentimento constitucional* que nas palavras de Pablo Lucas Verdú, significa a expressão de valores que transcendem ao Texto Constitucional, porque eles tendem a realizar-se através e para além dele, pela comunidade, na qual estão inseridos.[164]

O referido autor esclarece que o sentimento constitucional é uma expressão de afeição do cidadão pela justiça e pela equidade, relacionando-se diretamente à norma fundamental, pois esta dispõe sobre princípios como liberdade, justiça, igualdade e pluralismo jurídico.[165]

Esse sentimento constitucional mencionado por Verdú vem ao encontro da *vontade de Constituição* desenvolvida por Hesse,[166]

---

[163] BARROSO, Luis Roberto. Neoconstitucionalismo e constitucionalização... cit.

[164] VERDÚ, Pablo Lucas. *O sentimento...*, op. cit.; *Teoría de la Constitución...*, op. cit.

[165] Id. *O sentimento constitucional...*, op. cit., p. 11.

[166] Konrad Hesse, em seu livro *A força normativa da Constituição* contrapõe-se à tese defendida por Ferdinand Lassalle em 1863, para intelectuais e operadores da antiga Prússia.

que procura na relação de coordenação entre Constituição e sociedade a implementação das normas constitucionais.

Assim, percebe-se que no contexto do constitucionalismo contemporâneo – como *neoconstitucionalismo* –, paulatinamente, foi-se assumindo uma preocupação cada vez mais forte com a questão da efetividade[167] da Constituição e do sentido da democracia, a partir da reformulação do seu perfil interno, como Estado *Democrático* de Direito, muitas vezes em contraste com a disputa político-econômica, agora voltada à recomposição reformadora do Estado Social em sentido amplo.

Em tal contexto é bom lembrar com Luigi Ferrajoli a importância de se atentar para o sentido substancial da democracia, que está diretamente relacionado à proteção constitucional dos direitos fundamentais. Nas palavras do autor:

> Di qui la connotazione "sostanziale" impressa dai diritti fondamentali allo stato di diritto e alla democrazia costituzionale. Sono infatti per l`appunto "sostanziali", cioè realtive non allá "forma" (al *chi* e ao *come*) ma allá "sostanza" o "contenuto"(al *che cosa*) delle decisioni (ossia al che cosa non è lecito decidire o non decidere), le norme che ascrivono – al di là e mangari contro le contingenti volontà delle maggioranze – i diritti fondamentali: sai quelli di libertá che impongono divieti, sai quelli sociali che impongono obblighi al legislatore.[168]

Ferrajoli identifica o Estado de Direito com a dimensão substancial democrática, presente na efetividade dos direitos fundamentais, mesmo contra maiorias eventuais, que estejam atuando à frente das funções estatais.

Hesse pretende demonstrar que o desfecho entre fatores reais de Poder e a Constituição não há de se verificar em desfavor desta. Para ele, a Constituição não é apenas uma folha de papel, mas sim é essencial buscar sua força normativa, através da vontade de Constituição, ou seja, o desenvolvimento de uma consciência geral que a conceba como Lei Fundamental do Estado, como padrão jurídico superior das relações sociais. In: HESSE, Konrad. *A força normativa da constituição*. Porto Alegre: Sergio Antonio Fabris, 1991, p. 34; LASSALLE, Ferdinand. *A essência da constituição*. 6. ed. Rio de Janeiro: Lumen Juris, 2001, p. 40.

[167] Importante ressaltar a obra de Ingo Wolfgang Sarlet, que trata da eficácia dos direitos fundamentais. Nela estão dispostas questões atinentes à terminologia: existência, vigência, validade, legitimação, eficácia, aplicabilidade e efetividade, sendo esta identificada como eficácia social. *In: A eficácia dos direitos fundamentais*. 2. ed. rev. atual. Porto Alegre: Livraria do Advogado, 2001, p. 211-233.

[168] FERRAJOLI, Luigi. *Diritti fondamentali*. Roma: Editori Laterza, 2001, p. 19.

Dessas conclusões, pode-se retirar que o percurso para a construção de um Estado Democrático de Direito inclui a necessidade de instauração de um processo democrático que se dilua no conjunto do Estado e da Sociedade, percebidos, agora, como espaços coimplicados, em contraposição à postura liberal que os contrapunha como espaços em permanente contradição.

Nesse sentido, é necessário ocorrer uma interligação efetiva, uma integração, entre a jurisdição constitucional e a democracia político-social. Ou seja: o princípio democrático deve se fazer presente nas formas de atuação e de produção do sistema de justiça.

A chamada "jurisprudencialização" da Constituição vem marcada pela transição de um direito constitucional legislativo para um direito constitucional *jurisprudencial,* ou seja, passa-se do texto da norma para o texto da decisão judicial. Tal posição leva a uma mudança de paradigma do constitucionalismo, antes pautado na postura positivista, para percebê-lo em sua forma aberta e viva, para além da *neutralidade* do texto normativo.[169]

Entretanto, deve-se atentar para que o Poder Judiciário, no uso de suas atribuições reconhecidas pelas Constituições dos Estados, não se torne arbitrário e não se reduza, apenas, a instrumento funcionalizado de proteção e de suporte político a outros interesses.

Com Castanheira Neves é possível perceber que, em muitos momentos, o Direito aparece, simplesmente, como um regulador funcional de uma sociedade individualista e sem valores, apenas interessada em reivindicantes "liberdades", tornadas direitos subjetivos, sem deveres. Isso pode reduzir o Direito a simples instrumento ideológico e político.[170]

É importante, na sua peculiaridade e especificidade, destacar que a teoria desenvolvida por Lenio Luiz Streck, atualmente no Brasil denominada de *Crítica Hermenêutica do Direito (CHD)*

---

[169] BOLZAN DE MORAIS, Jose Luis. Crise do Estado, Constituição e Democracia Política: a "realização" da ordem constitucional! E o povo... In: COPETTI, André; STRECK, Lenio Luiz; ROCHA, Leonel Severo; PEPE, Albano Marcos Bastos (Orgs.) *Constituição, Sistemas Sociais e Hermenêutica: programa de pós-graduação em direito da UNISINOS: mestrado e doutorado.* Porto Alegre: Livraria do Advogado; São Leopoldo: UNISINOS, 2006, p. 91-111.

[170] CASTANHEIRA-NEVES, A. *O direito hoje...,* op. cit., p. 11.

ou *Nova Crítica do Direito (NCD)*,[171] tem como base justamente a desconstrução da metafísica vigorante do pensamento dogmático do direito (sentido comum teórico).[172]

Streck afirma que, no campo jurídico, esse esquecimento corrompe a atividade do intérprete, fazendo resultar disso o predomínio do método, do dispositivo, da tecnicização, que *na sua forma simplificada redundou em uma cultura jurídica estandardizada, na qual o direito não é mais pensado como um acontecer.*

Por intermédio da *Nova Crítica do Direito*, originária da ontologia fundamental, busca-se, através da *filosofia hermenêutica heideggeriana*[173] e da *hermenêutica filosófica gadameriana*,[174] o desvelamento daquilo que no comportamento cotidiano está ocultado.[175] A hermenêutica jurídica filosófica busca a análise do caso concreto, aproximando o Poder Judiciário da população, contribuindo, com isso, para que o ambiente jurisdicional constitua-se como um efetivo espaço democrático.

Cabe pontuar, ainda, com Silva, que é importante se pensar em uma profunda descentralização do poder, capaz de remetê-lo ao povo, *permitindo o exercício autêntico de um regime democrático*. Isso permitiria ao Judiciário ser um *agente "pulverizador" do Poder, o órgão produtor de micro-poderes, que possam contrabalançar o sentido centralizador que os outros dois ramos zelosamente praticam.*[176]

---

[171] Ressalta-se que não é objeto do presente trabalho aprofundar a hermenêutica jurídica e filosófica. Para tanto, consultar: STRECK, Lenio Luiz. *Hermenêutica Jurídica...*, op. cit. *Jurisdição constitucional...*, op. cit. *Verdade...* op. cit.

[172] A expressão *sentido comum teórico* dos juristas, criada por Luiz Alberto Warat, é representada por práticas jurídicas institucionais que expressam um conjunto de representações que os juristas, de um modo geral, adotam em sua prática judiciária. In: *Introdução geral ao Direito I*. Porto Alegre: Fabris, 1994, p. 57.

[173] Heidegger analisa o *método fenomenológico*, o qual se orienta pelo binômio velamento/desvelamento ou, em outras palavras, pelo círculo hermenêutico. A compreensão da totalidade implica em dar-se conta que o compreender sempre parece ser apenas uma alteração da mente e é constitutivo da própria condição humana. Compreender é o existencial do próprio poder-ser, do ser-aí. Portanto, o homem compreende o ser quando compreende a si mesmo. In: STEIN, Ernildo. *Aproximações...*, op. cit., p. 56 e 57.

[174] Para Gadamer a linguagem não é apenas objeto, mas horizonte aberto e estruturado. Segundo ele, a hemenêutica é universal. In: GADAMER, Hans-Gerg. *Verdade e método I*. 5. ed. São Paulo: Vozes, 2003, p. 631.

[175] STRECK, Lenio Luiz. *Verdade...*, op. cit., p. 167.

[176] SILVA, Ovídio A. Baptista da. *Processo e Ideologia...*, op. cit., p. 316.

Dentre algumas alternativas para formação de um Poder Judiciário e de um sistema de justiça, além de um sistema processual condizente com as atuais circunstâncias históricas democráticas, pode-se trazer como exemplo: o funcionamento dos Juizados Especiais, as Varas do Trabalho, as ações coletivas, etc.

Para além disso, uma reforma profunda, com redução drástica, no sistema recursal, comporia este quadro. Tal medida, na verdade, é apresentada por Silva como uma exigência. Com ela, ocorrerá o *abrandamento do sentido burocrático da administração da justiça, restituindo à jurisdição de primeiro grau legitimidade política que lhe dê condições de exercer as elevadas atribuições que a ordem jurídica lhe confere.*

Por outro lado, sublinha a prática indispensável de um verdadeiro regime federativo, a busca da descentralização administrativa, *de modo a fortalecer a vida política das comunidades locais.*[177]

Estes aspectos referenciais indicam a necessidade de se (re)pensar a própria democracia em seus fundamentos, tomando-a em sua temporalidade e, portanto, assumindo sua complexidade e seus riscos.

Ao tomar a democracia como um processo, como um vir-a--ser, obviamente não se está trabalhando com um conceito pronto, acabado ou previsível. Não se trata de um conteúdo que se molda instantaneamente ou que se vincula a um referencial unívoco do tempo. Ao contrário, guardando o sentido do vir-a-ser, a democracia imprescinde de uma ruptura com o tempo instituído. Não há lugar, portanto, para um modelo acabado de ser-estar democrático no mundo que, atualmente, só pode ser percebido como um mundo global.

Por conseguinte, além do que foi colocado até o momento, sobre a necessidade de igualização social através de ressignificações estatais internas no que tange à jurisdição, ao processo e ao constitucionalismo, vale elencar que os Estados estão imersos

---

[177] Ibid., p. 319 e 320.

em um processo, que se pode chamar de mundialização ou globalização.[178]

Não se objetiva aqui, traçar aspectos gerais referentes a este tema, mas sim mostrar a possibilidade de um outro olhar, que pode levar à (re)construção do sentido democrático para o constitucionalismo e para a jurisdição constitucional.

2.4. Da jurisdição constitucional liberal à jurisdição constitucional social: a (re)construção de sentido do constitucionalismo

Como já foi mencionado anteriormente, o Estado, a jurisdição e o constitucionalismo estão interligados, de forma que o qualificativo de um pode ser utilizado pelos outros. No caso, cita-se como exemplo: Estado Liberal, jurisdição liberal, constitucionalismo liberal; ou por outro lado, Estado Social, jurisdição social, constitucionalismo social, sem que isso signifique, desde logo, uma transformação automática em seus fazeres e práticas.

Por outro lado, e com o mesmo desiderato, o objeto desse trabalho gira em torno dos princípios da liberdade e da igualdade e, da mesma forma como veiculado acima, é possível relacioná-los com a jurisdição constitucional e o sentido da Constituição na contemporaneidade.

As Constituições falam com frequência em povo, principalmente devido à necessidade de legitimação democrática. No entanto, a democracia não pode ser entendida como a simples fórmula do governo "do povo, pelo povo e para o povo", mas, ao

---

[178] Os termos *mundialização* e *globalização* são, hoje em dia, parte do vocabulário corrente. Significam que, em escala mundial, as trocas multiplicaram-se e que esta multiplicação deu-se rapidamente. Essa multiplicação tornou-se possível graças a sistemas de comunicação mais eficazes e, na maioria das vezes, instantâneos. Mas, de alguns anos para cá, o sentido das palavras *mundialização* e *globalização* tornou-se um pouco mais preciso. Por *mundialização*, pode ser entendida a tendência que leva à organização de um governo mundial único. A tônica é, portanto, colocada sobre a dimensão *política* da unificação do mundo. Em sua forma atual, tal tendência foi desenvolvida por diversas correntes estudadas pelos internacionalistas. In: NEGRI, Antonio; Hardt, Michael. *O Império*. Rio de Janeiro: Record, 2001.

contrário, deve ser compreendida como *dificuldade progressiva do governo por meio do povo*.[179]

Na verdade, deve-se observar que existem outras formas de se conceber uma democracia, além da mera participação eleitoral, característica peculiar e central ao seu modelo moderno, como representação política.

Há que se ter presente que, na perspectiva procedimental, da participação política, hoje, a democracia passou a constituir-se sob variadas formas, fórmulas e estratégias de participação para além da disputa eleitoral pela representação popular, adquirindo importância outras formas de participação e de tomada de decisão.

A atuação em movimentos sociais; o envolvimento pessoal, como por exemplo, em protestos e manifestações públicas; o ingresso e a participação em instituições sociais, ONGs; a veiculação de demandas por meio de ações em processos coletivos, etc, além de mecanismos tradicionais de tomada de decisões coletivas – plebiscitos, referendos, iniciativas populares de legislação ou de propostas de políticas públicas; audiências públicas perante tribunais jurisdicionais, entre outras formas de cidadania, consubstanciam não apenas um novo formato para a democracia contemporânea, como também apontam para uma reconfiguração das práticas políticas.

Bauman afirma que uma boa sociedade deve tornar livre seus integrantes, não apenas livre do ponto de vista negativo, com o significado de não ser coagido a fazer algo, mas positivamente livres, com o poder de influenciar as decisões que dizem com as condições da sua e de sua coletividade – local, regional, nacional, supranacional, global – própria existência, dar um significado para o "bem comum" e fazer as instituições se adequarem a este significado.[180]

Os indivíduos só podem se considerar livres quando conseguem instituir uma sociedade *que protege e promove sua liberdade, a não ser que instituam junto um agente capaz de alcançar*

---

[179] CHRISTENSEN, Ralph. In: Introdução a MÜLLER, Friedrich. *Quem é o povo? A questão fundamental da democracia.* São Paulo: Max Limonad, 2000, p. 42.

[180] BAUMAN, Zygmunt. *Em busca da política.* Trad. Marcus Penchel. Rio de Janeiro: Jorge Zahar, 2000, p. 112.

exatamente isso. Portanto, a tarefa da ordem do dia é fazer a ágora[181] *retomar a eclésia.*[182]

Bauman, ao utilizar a metáfora da *ágora* e da *eclésia,* pretende enfatizar que se faz necessária uma reorientação da *eclésia* para a *ágora*, e desta para aquela, em um movimento dinâmico e recíproco.[183] Isso significa uma redefinição do espaço político em que o público e o privado se encontrem, onde não apenas se faz uma escolha dentre as opções disponíveis, mas se implementa um verdadeira participação popular em condições de promover autonomamente a construção de respostas adequadas e qualificadamente suficientes e eficientes para promover a realização do projeto de felicidade instalado em seu contrato social, formalizado como Constituição.

Com certeza esta não será uma tarefa fácil, considerando o perigoso estado atual das relações entre a esfera pública e a privada, na qual *"o público" recua para buscar abrigo em lugares politicamente inacessíveis e "o privado" está a ponto de retirar-se para a própria auto-imagem.*[184]

É importante perceber que, para ocorrer a relação mencionada por Bauman, é necessário retomar o discurso do bem comum como um valor a ser reivindicado e, para além disso, é indispensável suplantar a fosso liberal intransponível que segmenta e segrega o público do privado e vice-versa.

Nesse sentido, retomando a especificidade do debate em torno do tema que move e caracteriza este trabalho, é importante a busca pela democratização da jurisdição constitucional, construindo-se um saber que seja apto a promover a sua reconfigu-

---

[181] *Ágora* era a praça principal na constituição da pólis, a cidade grega da Antiguidade clássica. Normalmente era um espaço livre de edificações, configurada pela presença de mercados e feiras livres em seus limites, assim como por edifícios de caráter público. Enquanto elemento de constituição do espaço urbano, a ágora manifesta-se como a expressão máxima da esfera pública na urbanística grega, sendo o espaço público por excelência. É nela que o cidadão grego convive com o outro, onde ocorrem as discussões políticas e os tribunais populares: é, portanto, o espaço da cidadania. Por este motivo, a ágora (espaço de realização das assembleias – chamadas de eclésias) era considerada um símbolo da democracia direta, e, em especial, da democracia ateniense, na qual os cidadãos tinham igual voz e direito a voto. BAUMAN, Zygmunt. *Em busca da política...*, op. cit. 112.

[182] Ibid.

[183] Ibid.

[184] Ibid., p. 113.

ração, adequando-a às circunstâncias e necessidades do seu, do nosso, tempo, onde esta se caracteriza, fundamentalmente, pela atuação do Poder Judiciário na efetivação da Constituição, seja pela necessidade de atribuição de sentido ao seu texto, seja ante a insuficiência das práticas políticas tradicionais para pôr em ação os seus conteúdos.

Vale mencionar, nesse contexto, que a discussão em torno da legitimidade do Judiciário está para além de suas marcas históricas monárquicas, uma vez que, na atualidade, destacam-se momentos diversos daquela época. Hoje, a jurisdição se apresenta como arena privilegiada para a realização do projeto constitucional.[185]

Por essas e outras razões importa ressaltar algumas modificações que estão ocorrendo na percepção do Direito constitucional e da jurisdição.

2.5. A jurisdição constitucional e a (re)definição do constitucionalismo

O entendimento acerca do constitucionalismo contemporâneo, ancorado pelos princípios do neoconstitucionalismo, ou constitucionalismo do Estado Democrático de Direito, supõe a necessária compreensão da relação existente entre Constituição e jurisdição constitucional.

Nesse sentido, Kägi afirma: *diz-me a tua posição quanto à jurisdição constitucional e eu digo-te que conceito de Constituição tens.*[186]

Enquanto a Constituição é o fundamento de validade do ordenamento e da própria atividade político-estatal, a jurisdição constitucional passa a ser condição de possibilidade do Estado Democrático de Direito,[187] sobretudo pensando-se, como referi-

---

[185] BOLZAN DE MORAIS, Jose Luis. *Crises do Estado*, democracia política..., op. cit., p. 263.
[186] KÄGI, W *apud* CANOTILHO, J. J. Gomes. *Direito Constitucional e teoria da Constituição*. 6. ed. Coimbra: Almedina, 2002, p. 886.
[187] STRECK, Lenio Luiz. *Jurisdição constitucional...*, op. cit., p. 13.

do acima, as dificuldades próprias para a realização do projeto de Estado Constitucional em um ambiente marcadamente hostil, seja pelo descrédito sustentado pelo dito neoliberalismo, seja pela fragilidade ante a desterritorialização das estruturas políticas modernas decorrentes da(s) globalização(ões).

Este é um detalhe, para lá de importante, a ser salientado, para uma adequada compreensão da problemática constitucional nos dias de hoje.

Cada vez mais, a normatividade da Constituição vê-se realizada através da jurisdição quando seu conteúdo material está relacionado diretamente à vontade popular, utilizando-se de um sistema de justiça que se caracteriza cada vez mais por sua abertura na legitimação ativa dos seus atores, seja pela incorporação de novas práticas, seja, ainda, pela introdução de novos conhecimentos para além da tradicional e insuficiente disciplinariedade da tradição do conhecimento jurídico de "credo" positivista.

Entretanto, é inegável que os elementos que formam o Estado, qual seja: território, povo e poder como soberania, bem como o documento maior deste Estado, que é a Constituição, têm sofrido intensas modificações nos últimos tempos. As fronteiras se transformaram (desterritorialização); a concepção de cidadania foi alterada – o cidadão deixou de confundir-se com o nacional para ser expresso como *"cidadão do mundo"*,[188] explicitando e relacionando a diminuição das distâncias entre os países, devido ao desenvolvimento da tecnologia, dos meios de transporte e das trocas comerciais, dos intercâmbios culturais.

Tal vem bem demonstrado com a transformação da ideia de soberania ou de poder estatal interno/externo, que se encontra em permanente mutação e adequação aos novos formatos das organizações políticas e às novas práticas socioeconômicas, supondo-se, mesmo, a sua desconstrução possível ante a emergência de novos atores e de novas práticas e locais de convívio e de ação política.

---

[188] Otfried Höffe faz uma distição entre "cidadão mundial" e "cidadão do mundo". Aquele possui um sentido exclusivo e relacionado a um Estado Mundial, enquanto este teria um significado complementar, apliando seu engajamento a partir do próprio Estado até alcançar a República Mundial. In: HÖFFE, Otfried. *A democracia...*, op. cit., p. 394-397.

É nesse quadro que a globalização econômica, vinculada à intensificação do fluxo de capitais, produtos e serviços, diretamente imbricados na transnacionalização do capitalismo, acaba por produzir fissuras profundas nas estruturas institucionais modernas.

Com isso, pode-se entender que a ideia de capital do século XVIII retorna em uma perspectiva mais ampla. Souza Santos identifica a globalização econômica como eixo da mundialização de cima para baixo, por ampliar as diferenças entre pobres e ricos, beneficiando grandes capitalistas à custa de trabalho, muitas vezes, semi-escravo.[189]

Em relação ao direito, a globalização econômica representa o risco da decomposição do sistema jurídico pelo mercado, na medida em que o direito passa a se tornar um instrumento estratégico e concorrencial para atrair o capital internacional e investimentos econômicos sem nenhum compromisso com os projetos locais. Trata-se do "mercado da lei", prevalecendo o que determina o mais forte.[190]

Entretanto, para combater o lado negativo desse atual processo global, Souza Santos busca uma definição para a globalização mais sensível às dimensões sociais, políticas e culturais, definindo-a como um *conjunto diferenciado de relações sociais,* o que leva à não existência de uma única globalização, mas sim de globalizações, no plural.

Tal perspectiva permite que se perceba que, ao mesmo tempo em que ocorre esta "dispersão global", inversamente se estabelece uma dinâmica de "consolidação local". Daí que, sob a perspectiva global-local, o local intensifica sua relação com o global, a partir do marco de mercado estatal, empresarial e das diversas formas de vida. Chega-se a pensar em globalização como um tipo de difusão cultural, com a denominação "glocal", isto é, a síntese relacional entre o local e o global.[191]

---

[189] SOUZA SANTOS, Boaventura. *Por uma concepção multicultural de direitos humanos.* Disponível em: <http// www. Dhnet.org.br/direitos/militantes/boaventura/boaventura_dh.htm>. Acesso em: 27 set. 2007.

[190] DELMAS-MARTY, Mareille. *Três Desafios para um Direito Mundial.* Tradução de Fauzi Hassan Choukr. Rio de Janeiro: Lúmen Júris, 2003, p. 9-18.

[191] SOUZA SANTOS, Boaventura. *Por uma concepção multicultural de direitos humanos...*, op. cit.

Pode-se, nomear tal fenômeno como *glocalização*, para identificar os vínculos de interação entre o global e o local, o que pode significar, na perspectiva do Estado Nação moderno, mais um fator de desconstução de seus espaços próprios de atuação.

Por outro lado, mas guardando intrínseca relação, isso nos conduz à superação do debate e do tensionamento entre o universalismo dos direitos humanos e o relativismo cultural dos mesmos, pois se trata de um discussão, na verdade, falsa, cujos conceitos polares são igualmente prejudiciais para uma concepção emancipatória dos mesmos.

Ocorre que todas as culturas são relativas e ao mesmo tempo aspiram e defendem valores universais. *Há que se desenvolver critérios políticos para distinguir política progressiva de política conservadora, capacitação de desarme, emancipação e regulação.* Nesta perspectiva, Souza Santos refere, também, a necessidade de pensar-se a globalização de baixo para cima, ou uma globalização contra-hegemônica baseada na ideia de cosmopolitismo[192] e patrimônio comum da humanidade.[193]

Nessa mesma linha de raciocínio, ressaltando a importância da relação entre os Estados, da participação popular e da preservação dos direitos fundamentais, J. J. Gomes Canotilho, ancorado na temática constitucional, vem desenvolvendo pesquisas em torno do que denomina de interconstitucionalidade. Segundo o autor, atualmente, não é possível conceber os Estados, e também as Constituições, fechados em si mesmos, assim, permitindo-se pensá-los e resguardá-los ante o novo contexto das instituições políticas.

---

[192] A palavra cosmopolistismo passou por muitas conceituações no decorrer da história. Com Deisy Ventura: *A irrupção da idéia é atribuída ao cínico Diógenes. À pergunta "de onde tu és?, teria ele respondido "cidadão do cosmos, arvorando-se em condomínio de uma razão universal residente no homen, não na cidade. Já pintalgado entre os gregos, o cosmopolitismo grassou em novas matizes com os romanos e fez esteio religioso, em particular no cristianismo. Tendo alvoroçado o Iluminismo, a ótica cosmopolita, assaz camaleônica, adquiriu incontáveis sentidos ao longo da história (...)*. Mas, foi precisamente Immanuel Kant quem ofereceu à humanidade o projeto de cosmopolitismo vinculado à paz perpétua. In: VENTURA, Deisy. Hiatos da transnacionalização na nova gramática do direito em rede: um esboço da conjugação entre estatalismo e cosmopolitismo. In: STRECK, Lenio Luiz; BOLZAN DE MORAIS, Jose Luis [et al] (Org.). *Constituição, Sistemas Sociais e Hermenêutica*. Porto Alegre: Livraria do Advogado, 2008, p. 223-240.

[193] Ibid.

Vale observar que essa ideia objetiva transformar o constitucionalismo para aproximá-lo do povo, em uma perspectiva democrática. Ademais, requer uma participação ativa do cidadão na busca pela igualização e defesa dos direitos sociais, sem deixar de percebê-lo envolto neste novo arranjo, mesmo que este não se apresente ainda bem definido.

O professor de Coimbra, contemporaneamente, vem reestruturando sua teoria. Em sua primeira fase (década de 80), denominada por alguns de Canotilho I, chegou a afirmar que não se podia falar em normas programáticas, pois elas mereceriam um valor jurídico constitucionalmente idêntico aos restantes preceitos da Constituição. Porém, atualmente, na fase que se pode chamar de Canotilho II, aquela posição vem sendo repensada desde um olhar que contempla as idiossincrasias de um tempo que ainda está se forjando.[194]

Neste quadro, *Canotilho defende que a Constituição deve evitar converter-se em lei da totalidade social, para não perder sua força normativa.* Afirma que os textos constitucionais de cunho dirigente, como a atual Constituição portuguesa e brasileira, perderam a capacidade de absorver as mudanças e inovações da sociedade, não podendo mais integrar o todo social, tendendo a exercer uma função meramente supervisora da sociedade. As Constituições Dirigentes padeceriam de uma "crise de reflexividade", ou seja, *não mais conseguiriam gerar um conjunto unitário de respostas, dotado de racionalidade e coerência, às cada vez mais complexas demandas (...) da sociedade.*[195]

Canotilho chega a afirmar que a *Constituição dirigente está morta se o dirigismo constitucional for entendido como normativismo constitucional revolucionário capaz de, só por si, operar transformações emancipatórias,*[196] o que não permite que se tire como consequência desta fala uma apologia ao descrédito no

---

[194] Ver: CANOTILHO, J. J. Gomes. *Constituição dirigente e vinculação do legislador. Contributo para compreensão das normas constitucionais programáticas.* Coimbra: Coimbra Editora, 2001, prefácio; *"Brancosos" e Interconstitucionalidade. Itinerários dos discursos sobre a historicidade constitucional.* Coimbra: Almedina, 2006

[195] BERCOVICI, Gilberto. A problemática da Constituição dirigente: algumas considerações sobre o caso brasileiro. In: *Revista de Informação Legislativa.* Brasília a. 36 n. 142 abr./jun. 1999.

[196] Id. *Constituição dirigente e vinculação...*, op. cit.

constitucionalismo contemporâneo, mas, parece-nos, muito mais um "olhar sociológico constitucional" que considera os limites e possibilidades de e para o constitucionalismo em tempos de crise e transformações profundas em sua estrutura substantiva – o Estado.

Dessa maneira, a teoria constitucional deve levar em consideração que as sociedades modernas pluralistas estruturam-se em termos de complexidade e que precisam ser pensadas e atuadas considerando tais circunstâncias, que as diferenciam dos tradicionais modelos modernos de estruturas políticas e de ação institucional.

Ante o "choque" produzido por esta "releitura" proposta por Canotilho, doutrinadores brasileiros pontuaram perguntas ao autor português, considerando as diferenças existentes no e para o *constitucionalismo dos países em desenvolvimento,* nos quais existem problemas sociais e políticos diferentes, para cuja solução não se tem alternativa a não ser com a configuração de um constitucionalismo social aos moldes experimentados ao longo da segunda metade do Século XX, em especial.[197]

Como resposta, Canotilho afirma ter a sensação de que não se deve falar em teoria da Constituição, mas talvez em *teorias das Constituições* e, possivelmente, uma rede de interconstitucionalidade, dos vários constitucionalismos. Ainda, aduz que quando se fala em um "direito mitigado", verdadeiramente, refere-se a uma outra fase do próprio constitucionalismo que ainda não é possível se obter e experienciar no Brasil.[198]

Ante tal postura, diz-se que Canotilho é compreensivo diante das angústias dos autores de países de "modernidade tardia", mas, com isso, perde a perspectiva de que o debate em tela interessa não apenas aos países desenvolvidos mas, ao contrário, é de suma relevância para Estados em processo de desenvolvimento. Ainda, há que se reconhecer que o *gesto de apartar os debates que "interessam" e não "interessam" ao mundo não desenvolvido só pode ser resíduo do colonialismo.* Ademais, a auto-exclusão dos temas nevrálgicos do debate mundial é injustificável e

---

[197] COUTINHO, Jacinto Nelson de Miranda (Org.). *Canotilho e a constituição dirigente.* Rio de Janeiro: Renovar, 2003.
[198] Ibid., p. 31-37.

compromete seriamente os interesses estratégicos dos países em via de desenvolvimento.[199]

Para além das dificuldades e limites presentes neste debate, vale destacar temas centrais abordados pelo doutrinador de Coimbra em torno do "constitucionalismo moralmente reflexivo e da constitucionalização da responsabilidade", propostas que visam uma maior igualização social. Assim, primeiramente, Canotilho sublinha ser necessário evitar duas unilateralidades:

> 1. o peso do discurso da metanarrativa que hoje só poderia subsistir como relíquia da má utopia do sujeito do domínio e da razão emancipatória;
> 2. a desestruturação moral dos pactos fundadores escondida, muitas vezes, num simples esquema processual da razão cínica econômica-tecnocrática.[200]

Constata-se, no texto do autor, a influência do pensamento luhmanniano, quando este sustenta a necessidade de uma perspectiva sociológica que permita compreender a funcionalidade dos mecanismos de acoplamentos estruturais, e não de metaregras ou soluções lógicas descobertas no próprio sistema.[201]

Nesse sentido, como linha de força do constitucionalismo reflexivo, Canotilho apresenta três sugestões:

a) *Constitucionalização e "desmoralização da liberdade"*, na qual o constitucionalismo continua a fornecer exigências mínimas, como o complexo de direitos e liberdades definidoras das cidadanias pessoal, política e econômica intocáveis pelas maiorias parlamentares;

b) *Constitucionalizações e teoria da justiça,* baseando-se em estruturas básicas da sociedade sem se comprometer com situações particulares;

c) *Constitucionalismo moralmente reflexivo através da mudança da direção para a contratualização*. Neste modelo, existiriam formas de eficácia reflexiva, ou seja, outras formas de acoplamentos estruturais que apontam para o desenvolvimento de instrumentos cooperativos que recuperam as dimensões juntas

---

[199] VENTURA, Deisy. Hiatos da transnacionalização..., op. cit.
[200] CANOTILHO, J. J. Gomes. *"Brancosos"...,* op. cit., p. 184.
[201] Ibid.

do princípio da responsabilidade, apoiando-se também a sociedade, no que denomina de Constituições civis.[202]

Falar em participação da sociedade civil, remete ao constitucionalismo societal, que sugere vários subsistemas sociais-internacionais, sendo que estes podem adotar esquemas reguladores semelhantes aos de uma Constituição. *É o caso, por exemplo, da "constituição da Internet", da "constituição do sistema de saúde", da "constituição da investigação genética e dos sistemas reprodutivos", da institucionalização do "diálogo interreligioso".*[203]

Essas ideias superam antigas formas totalizantes, abrindo o caminho para ações locais, o que privilegia a diversidade cultural.

Aqui, chama-se a atenção, novamente, para que uma abertura para outras formas de acoplamento estrutural, denominadas de *instrumentos regulativos diferentes*, leva à percepção de que a *(...) lei dirigente cede lugar ao contrato, o espaço nacional alarga-se à transnacionalidade e globalização, mas o ânimo de mudanças aí está de novo nos "quatro contratos globais".* [204]

Dentro destes "contratos globais" estão:

a) o contrato para as necessidades globais, que implica em remover as desigualdades;

b) o *contrato cultural,* estabelecendo a tolerância e o diálogo entre culturas;

c) o *contrato democrático,* que prevê a democracia como governo global;

d) o *contrato do planeta terra,* versando sobre o desenvolvimento sustentado.[205]

Com isso Canotilho pretende transmitir a percepção que a Constituição dirigente, assim, ficará menos densa e menos autoritária, enriquecida pela *constitucionalização da responsabilida-*

---

[202] CANOTILHO, J. J. Gomes. *"Brancosos"*..., op. cit., p. 126 a 128.
[203] Ibid., p. 286- 290.
[204] Ibid., p. 128.
[205] Ibid.

de, dispondo sobre garantias que possibilitem a coexistência de valores, conhecimento e ação.[206]

Essa nova visão do direito constitucional possibilita que se construam e se opere os elementos básicos de uma teoria da interconstitucionalidade:

a) *Autodescrição e autosuficiência nas constituições nacionais,* permitindo, assim, que estas conservem a memória e a identidade política quando inseridas numa rede internacional;

b) *Texto interorganizativo,* apontando para a necessidade autodescritiva da organização superior. [207]

Na verdade, é discutível saber se a autodescrição interorganizativa pressupõe necessariamente um texto constitucional autodescritivo ou se se poderia pensar em convenções internacionais, como "alternativas" às Constituições modernas.

Salienta-se que a teoria da interconstitucionalidade é, também, uma teoria da interculturalidade constitucional. A definição de intercultura faz realçar basicamente a partilha de cultura de ideias ou formas de encarar o mundo e os outros.

Pelo que foi exposto, conclui-se que o constitucionalismo, indiscutivelmente, vem sofrendo modificações em seus elementos constitutivos. É notório que as propostas de Canotilho estão inseridas no contexto europeu, mas também se deve anotar que não é pertinente afastar o debate por ele proposto dos demais Estados, inseridos que estão, todos, em um contexto global.

Assim, essa abordagem em torno da (re)definição do constitucionalismo tem como objetivo evidenciar a existência de propostas, as quais giram em torno de um novo tipo de organização democrática da sociedade.

Sem negar a(s) globalização(ões), buscam-se novas formas da(s) mesma(s) ocorrer(em) sob outros fundamentos e perspectivas e, sobretudo, de *baixo para cima,*[208] dando especial atenção às necessidades culturais, ao desenvolvimento sustentável e à participação popular.

---

[206] CANOTILHO, J. J. Gomes. *"Brancosos"...,* op. cit., p. 129.

[207] Ibid., p. 268 a 271.

[208] Terminologia adotada por Boaventura de Souza Santos. In: SOUZA SANTOS, Boaventura. *Por uma concepção multicultural...,* op. cit.

As colocações postas por Canotilho estão em processo de estudo e desenvolvimento e, mesmo com todas as reticências que se possa colocar, há que se ter presente que são uma resposta tentada para os dilemas de um modelo de organização e de ordenação social que parece não mais responder adequadamente aos novos desenhos institucionais que reconfiguram os modos de vida contemporâneos.

Tais propostas, de forma alguma, objetivam trazer conclusões definitivas sobre o tema.

Entretanto, deve-se destacar que o papel do Estado e da jurisdição constitucional é de fundamental importância na e para a implementação desse novo constitucionalismo, por óbvio que com os arranjos próprios ao novo cenário e à reconfiguração das estruturas políticas modernas, assumidas, assim, em seu caráter histórico-cultural.

2.6. Contra um *Leviatã* global e as *virtudes cosmopolíticas* na/para jurisdições constitucionais democráticas

No Antigo Testamento, o Leviatã significa um animal, que pode ser um crocodilo, uma serpente ou um dragão, destacando-se por seu inefável poder. Daí ter causado horror, o pai da filosofia moderna, Thomas Hobbes, comparar o Estado e o soberano ao referido monstro. No entanto, na clássica obra, o Leviatã aparece com um forma humana, sentado em um trono por trás e acima de uma paisagem tranquila, irradiando bem-estar.[209]

Otfried Höffe afirma que *à semelhança do Estado nacional, a República Mundial também deverá ser um poder eminente a serviço da paz e do Direito*. Mas não pode sê-lo de uma maneira absoluta, como era o Leviatã de Hobbes, devendo seguir delimitações e atuações específicas.

---

[209] HÖFFE, Otfried. *A democracia...*, op. cit., p. 369. Para uma leitura sofisticada da obra de Hobbes, ver: RIBEIRO, Renato Janine. *Ao leitor sem medo. Hobbes escrevendo contra o seu tempo*. 2. ed. Belo Horizonte: UFMG, 1999.

Dessa maneira, importa ocorrer um fortalecimento dos princípios da subsidiariedade global, do federalismo e do nível continental intermediário, impondo-se, também, uma prevenção contra uma interpretação expansiva das competências, uma opinião pública mundial eficaz e direitos estatais garantidos de forma clara e efetiva.[210]

Quando se menciona questões políticas é possível retornar à antiguidade clássica, pois, naquela época, já se falava em "virtudes cosmopolíticas", que se identificam como o contraponto a uma teoria democrática meramente institucional. No entanto, somente se desenvolveu tal contraponto em face do e para o Estado Nacional, e, mesmo em *À paz perpétua* Kant somente as abordou de forma incidental, garantindo o auto-interesse.[211]

Höffe é claro ao dizer que (...) *quando se quer implantar as instituições necessárias, quando se lhes quer dar vida e aprimorar os métodos ora vigentes a determinadas situações, faz-se mister o concurso de virtudes cosmopolíticas, agregando a isso que, se não podem substituir as instituições, pelo menos as podem complementar.*[212]

Com efeito, é necessário que as próprias instituições ajam, internamente, de acordo com "virtudes cosmopolíticas" contra uma supervalorização de outras instituições globais, como forma de implementar uma (outra) globalização, de baixo para cima, difundindo e assegurando a pluralidade de culturas peculiares à diversidade planetária.

Assim, para retomar-se a temática da jurisdição constitucional local, há que se percebê-la como não desvinculada de uma perspectiva cosmopolita.

Na medida em que se busca uma compreensão contemporânea de *democracia*, e se promove a busca por uma maior igualização social, alguns elementos se entrecruzam, apresentando-se como imprescindíveis na sua peculiaridade.

Portanto, não há que se pensar em processo democrático, em um agir democrático ou em um fazer democrático sem que se

---

[210] Para aprofundar o significado desses princípios, ver a obra do autor ora mencionado. Ibid., p. 370.
[211] HÖFFE, Otfried. *A democracia...*, op. cit., p. 393.
[212] Ibid., p. 394.

considere a importância da Constituição e da jurisdição constitucional. Democracia e Constituição estão conectados.

Quando se pensa jurisdição constitucional, ou seja, em uma atuação do sistema de justiça – constitucional – que visa garantir a supremacia da Constituição e a tutela dos direitos e garantias fundamentais, está-se pensando também no estabelecimento de limites às demais funções do Estado, assim como em parâmetros para sua atuação positiva.

Estas funções, exercidas por maiorias circunstanciais, eleitas através do voto popular no contexto do sistema representativo, muitas vezes enebriadas por paixões políticas momentâneas, podem acarretar o que Paulo Bonavides denominou de *crise de legitimidade*.[213]

É importante lembrar que o processo eleitoral é apenas uma das formas de se verificar o conteúdo da vontade popular. Além disso, é necessário que o exercício democrático promova a conjugação de condições materiais – como, por exemplo, educação, moradia, saúde, etc., como elementos que compõem o princípio da dignidade da pessoa humana – que permitam um nível mínimo de inclusão do indivíduo na comunidade e, com isso, condições melhores, se não ideais, de participação na escolha e nas decisões.

E no conjunto destes fatores está que, nas palavras de Mirreille Delmas-Marty, a proclamação dos direitos do homem, fundamento essencial da democracia e do Estado de Direito, não basta se não garantir o igual acesso à justiça ao cidadão.[214]

Não se pode admitir que somente quando se fale em Poder Constituinte ou Poder Reformador se invoque o papel do povo como legitimador das funções estatais. É preciso que este mesmo povo esteja e seja (n)o centro do espaço decisório e domine as condições necessárias e suficientes para decidir. Como diz F.

---

[213] A mencionada crise se abateu no século XX sobre determinados ordenamentos jurídicos, por obra de fatores ideológicos, perda de crenças e erosão de valores. In: BONAVIDES, Paulo. *Curso de Direito Constitucional*. São Paulo: Malheiros, 2003, p. 169.

[214] DELMAS-MARTY, Mireille. *Por um direito comum*. Trad. Maria Ermantina de Almeida Prado Galvão. São Paulo: Martins Fontes, 2004; *Três desafios para um direito mundial*. Trad. Fauzi Hassan Choukr. Rio de Janeiro: Lumen Júris, 2003, p. 214.

Müller não está em pauta trabalhar o conceito de *povo,* está em pauta levar o povo a sério como uma realidade.[215]

Igualmente, não se deve ter em mente apenas a ideia de *one man one vote*, mas sim pensar o povo em termos de política constitucional. Isso não se refere a nenhuma posição rígida em termos "ou-ou", ou de uma relação entre "eu-tu", mas deve acontecer em uma perspectiva "entre".[216]

A democracia é algo em construção que deve "acontecer" na sociedade, além da perspectiva "cidadão" e "Estado", na esfera do "entre" os dois.

Neste quadro, uma jurisdição constitucional democrática existe para além da imagem construída pela pirâmide normativa kelseniana. É preciso que se busque novas opções teóricas e perspectivas substanciais que levem em consideração a realidade sociopolítica, sobretudo no que diz respeito à compreensão da Constituição como uma referência normativa criada pelo povo e para o povo.

Quando o Poder Judiciário, como sistema de justiça, aprecia o caso concreto e age de acordo com a acepção material da Constituição, revela-se a expressão da vontade popular. Na verdade, a jurisdição constitucional apresenta-se como uma possibilidade de se vencer as indeterminações dos textos legais, ou como uma potencial alternativa, para solução dos problemas sociais.

Para Castanheira Neves:

> No atual universo prático em que se nos impõe a opção entre alternativas – (...) compreende-se que se diga, como temos dito, que o *direito é a "alternativa humana"*. E sendo-o, como o sentido que também tentamos explicar, não menos nos vemos justificados a retomar, uma vez mais, *uma paráfrase de Hannah Arendt para sublinhar que então o verdadeiro, o capital e o último direito fundamental do homem (homem-pessoa) é o "direito ao direito"*. (grifou-se)[217]

O grande desafio que se apresenta para a jurisdição constitucional – uma jurisdição constitucional democrática – é resgatar uma práxis cultural de participação popular e buscar qual é o

---
[215] MÜLLER, Friedrich. Quem é o povo? Op. cit., p.113.
[216] BUBER, Martin. Eu e Tu. São Paulo: Centauro, 2001, p. 40.
[217] CASTANHEIRA NEVES, A. Coordenadas de uma reflexão..., op. cit., p., 871.

papel do povo na atual democracia jurisdicional em um mundo globalizado (no plural).

Como afirma Streck, a Constituição, enquanto conquista, programa e garantidora substancial dos direitos individuais e sociais, depende fundamentalmente de mecanismos que assegurem as condições para a implementação do seu texto.[218] Ou seja, é necessário que existam meios de *acesso popular*[219] à Constituição e aos espaços de atribuição de sentido ao seu texto, este, privilegiadamente, aquele que se constitui como o sistema de justiça (constitucional) aqui tentado desenhar.

Esses instrumentos, atualmente, no Brasil se mostram extremamente frágeis, pois o cidadão, e.g., não possui nenhuma forma direta para ingressar com ações na busca pelo controle concentrado de constitucionalidade. Observa-se que o projeto incial de Lei da arguição de descumprimento de preceito fundamental (ADPF)[220] – que hoje se converteu na Lei n.º 9.882/99 – dispôs sobre a possibilidade do cidadão ingressar diretamente com a arguição de descumprimento de preceito fundamental; todavia, este artigo foi vetado pelo Presidente da República.

No conjunto de fatores, pode-se, ainda, mencionar o instituto do *amicus curiae*, que se apresenta como um auxiliar do juízo, com o objetivo de aprimorar as decisões proferidas pelo Poder Judiciário (sistema de justiça).

---

[218] STRECK, Lenio Luiz. *Jurisdição constitucional...*, op. cit., p. 100 e 101.

[219] Para Souza Santos, é urgente que se tome como ponto de partida uma nova concepção do acesso ao direito e à justiça. *Na concepção convencional busca-se o acesso a algo que já existe e não muda em consequência do acesso.* Mas, ao contrário, o acesso deve mudar a justiça a que se tem acesso. Assim, o autor propõe sete vetores principais para que ocorra essa tranformação recíproca, jurídico-política: *profundas reformas processuais, novos mecanismos e novos protagonismos no acesso ao direito e à justiça, nova organização e gestão judiciárias, revolução na formação de magistrados desde as Faculdades de Direito até à formação permanente, novas concepções de independência judicial; uma relação do poder judicial mais transparente com o poder político e a media e mais densa com os movimentos sociais, uma cultura jurídica democrática e não corporativa.* Para aprofundar o tema, consultar: SOUZA SANTOS, Boaventura. *Para uma revolução democrática...* op. cit., p. 33.

[220] A arguição de descumprimento de preceito fundamental (ADPF) é a forma de controle concentrado de constitucionalidade existente no ordenamento jurídico brasileiro, que foi mais recentemente regulamentada através da Lei n.º 9.882/99. Ocorre que, logo após a promulgação da legislação da arguição, o Conselho Federal da Ordem dos Advogados do Brasil ingressou com a ADIN nº 2.231-8 contra aquela. Isso acarreta a incerteza quanto ao futuro desse importante instituto de origem constitucional, que tutela regras e princípios fundamentais existentes na Carta Maior do país.

Com a edição das leis que regulamentaram os processos de controle concentrado (Lei n° 9.868/99 e Lei n° 9.882/99), a intervenção do *amicus curiae* aprimorou-se e não mais se identifica previamente quem deve ser o auxiliar, que pode ser qualquer um, pessoa física ou jurídica, desde que tenha representatividade e possa contribuir para a solução da causa.

Como pressuposto disso, apresentando-se o Poder Judiciário como uma das funções do Estado, é crucial que se encontrem alternativas para desenvolver formas de acesso a ele. Também, é indispensável uma cultura de credibilidade da população, pois a jurisdição constitucional se apresenta como alternativa para uma maior efetividade constitucional.

Uma forma de se vencer o liame que separa o povo do sentido material da Constituição é através de decisões democráticas que resgatem o sentido, não apenas da Constituição, como também das "virtudes cosmopolíticas" que estão para além das fronteiras estatais.

Nesse sentido, a decisão do Tribunal de Justiça do Rio Grande do Sul, que enfrentou o tema do direito fundamental à moradia e à propriedade privada. No caso ora em análise, Apelação Cível n.º 70016241440, cidadão havia tomado posse pacífica de uma área de propriedade do Município de Esteio, RS. A entidade estatal alegou que não podia o interesse privado prevalecer sobre o público.Todavia, o que se extrai dos fatos é que a área em questão, mesmo sendo pública, não estava atingindo a sua finalidade social já há muitos anos, conforme se constatou da prova testemunhal, havendo somente a intenção de se implantar programas habitacionais no local.[221]

Enquanto isso, a família que tomou posse do imóvel utilizava a casa que construíram no terreno como única moradia. É indiscutível que o Poder Público não precisa deter fisicamente a posse ou habitar e praticar atos de vigilância permanentemente, mas há de dar uma destinação adequada ao bem que titula.

Sublinha-se que o direito à moradia é assegurado pela própria Carta Maior, no seu art. 6°, no capítulo *"Dos Direitos Sociais"*, e deve ser providenciado pelo Poder Público. Se, é cer-

---

[221] BRASIL. Tribunal de Justiça do Rio Grande do Sul. *Apelação Crime n.* 70016241440 Disponível em: <http://www.tjrs.gov.br>. Acesso em: 15 set. 2007.

to que a Constituição Federal, em seu art. 5º, XXII, garante o direito de propriedade, no mesmo artigo 5º, no inciso XXIII, dispõe que esta deve atender sua função social.

Mais ainda, está previsto no art. 1º da mesma Carta que a República Federativa do Brasil tem como fundamentos, dentre outros, a cidadania e a dignidade da pessoa humana, e, em seu art. 6º, garante como direito social a moradia e a assistência aos desamparados. Assim, atendendo a materialidade dos direitos sociais constitucionais, o Tribunal gaúcho manteve o cidadão na posse e negou provimento à pretensão da municipalidade.

Outra decisão que resgata a materialidade constitucional foi a que julgou o HC n. 82.424-2, em que ocorreu manifestação jurisdicional sobre questões envolvendo preconceito, discriminação e racismo. No mencionado acórdão, vários Ministros do Supremo Tribunal Federal procuraram compreender o caso a partir de uma *suposta colisão* entre os valores "liberdade de expressão e dignidade da pessoa humana", decidindo, ao final, pela prevalência da dignidade humana e manutenção da prisão do editor de livros anti-semitas.[222]

De fato, no atual Estado Democrático de Direito, não é possível aceitar qualquer tipo de manifestação que dê ensejo à discriminação, em qualquer de suas formas: cor, procedência nacional, opção sexual, etc.

Por outro lado, insta observar, como já foi mencionado no decorrer do texto, que, atualmente, não é mais possível se pensar o direito constitucional, a Constituição ou o constitucionalismo de forma isolada. Atualmente está ocorrendo uma (re)definição do direito constitucional em uma sociedade globalizada e cosmopolita. Quando a jurisdição constitucional interna não atender aos anseios democráticos e sociais, poderá ocorrer a chama à baila de organismos internacionais que possam se substituir às Cortes locais, no caso, para fazer atuar e reconhecer direitos e garantias eventualmente descurados e sonegados ao cidadão no espaço local – aqui "local" entendido como "nacional".

Pode-se tomar, como exemplo, o Caso Damião Ximenes Lopes, em que a Corte Interamericana de Direitos Humanos da

---

[222] BRASIL. Supremo Tribunal Federal. *HC n. 82. 424-2*. Disponível em: <http://www.stf.gov.br>. Acesso em: 05 set. 2007.

Organização dos Estados Americanos (OEA) condenou o Brasil por violação de direitos humanos. O caso foi inédito, pois foi a primeira vez que a Corte decidiu sobre um caso brasileiro, bem como por se tratar do primeiro pronunciamento da Corte sobre violações de direitos humanos de portadores de transtornos mentais.

Na caso em voga, o Brasil foi condenado pela morte violenta de Damião Ximenes Lopes, ocorrida no dia 4 de outubro de 1999, na Clínica de Repouso Guararapes, ocorrida no município de Sobral, interior do Ceará. A Corte Interamericana declarou em sua sentença que o Brasil violou sua obrigação geral de respeitar e garantir os direitos humanos; infringiu o direito à integridade pessoal de Damião e de sua família e violou o direito à proteção judicial a que têm direito seus familiares. Como medida de reparação à família de Damião Ximenes, a Corte condenou o Brasil a indenizá-los.[223]

Nessa sentença condenatória, a Corte deixa claro que o Brasil tem responsabilidade internacional por descumprir seu dever de cuidar e de prevenir a vulneração da vida e da integridade pessoal e dever de regulamentar e fiscalizar o atendimento médico de saúde. A Corte também conclui *que o Estado não proporcionou aos familiares de Jimenes Lopes um recurso efetivo para garantir acesso à justiça, à determinação da verdade dos fatos, à investigação e à identificação.*[224] A condenação do Brasil pela mais alta Corte de Direitos Humanos do continente americano é, sobretudo, uma repreensão internacional por sua incapacidade e falta de vontade política de e para enfrentar as graves e sistemáticas violações aos direitos humanos e de combater a impunidade.

O Direito, e especialmente o Direito Constitucional, como área social que é, exige continuamente uma inter-ação entre o povo e a Carta Maior do país, que serve de fundamento às demais normas e legitima os poderes constituídos. Se o cidadão não consegue proteção dentro das fronteiras territoriais, contemporaneamente, pode buscar a proteção de um sistema de justiça externo. A grande questão é como resgatar esta interação dentro

---

[223] JUSTIÇA GLOBAL. Disponível em: < http:// www. global.org.br/ portuguese/ damiaoximenes.html>. Acesso em: 15 out. 2007.

[224] Ibid.

das fronteiras do próprio Estado, que possui – a princípio – juízes conhecedores da cultura e identidade local?

Na verdade, o incentivo a programas educacionais e culturais, sublinhando um sentimento de pertencimento a uma comunidade, bem como a busca de um discurso decisório que evidencie a materialidade da Constituição, podem ser formas de se (re)constituir ou de buscar o sentido democrático do constitucionalismo. Este, atualmente, baseado não apenas em um ordenamento fechado e desvinculado da ordem internacional, mas, em "virtudes cosmopolíticas", na/para uma jurisdição constitucional que busque a efetivação dos direitos sociais.

Segundo Hannah Arendt, a igualdade longe de estar relacionada apenas à justiça, está na própria essência da liberdade; ser livre significa ser isento de desigualdade.[225]

Dessa forma, fazendo uma alusão a Canotilho, talvez assim, a Constituição, sem abandonar as memórias, possa continuar a ter história, neutralizando o perigo de ser definitivamente colocada no lugar de memória.[226] Na dimensão da convivência humana é possível conhecer o autor dos "milagres". *São os homens que os realizam – homens que, por terem recebido o dúplice dom da liberdade e da ação, podem estabelecer uma realidade que lhes pertence o direito.*[227]

2.7. Ilações pontuais

Retomando a epígrafe desta parte do texto, assumindo a perspectiva Direito & Literatura, um trecho do livro *Escute Zé-Ninguém,* de Wilhelm Reich, em que o autor citado tenta chamar a atenção dos leitores para a autocrítica, pode-se perceber a ironia com que este trata o tema do povo constituído por *Zés-Ninguéns*, a partir da qual se pode ressaltar uma completa apatia do homem, principalmente relacionada às questões sociais.

---

[225] ARENDT, Hannah. *A condição humana,* tradução de Roberto Raposo, 10. ed. Rio de Janeiro: Forense Universitária, 2003., p.42.

[226] CANOTILHO, JJ. *"Brancosos...,* op. cit., p. 345.

[227] ARENDT, Hannah. *Entre o passado e o futuro.* Trad. Mauro W. Barbosa. São Paulo: Perspectiva, 2005, p. 220.

Essa mesma inércia está ancorada na ideia de uma suposta liberdade, ainda baseada nas revoluções do século XVIII.

A questão que se põe, então, é a de saber-se de que liberdade se está falando. Com Reich, repisa-se: *"livre" apenas sob um aspecto: livre da autocrítica que poderia ajudá-lo a governar sua própria vida.*[228]

Com efeito, quando se questiona sobre a efetividade e a aplicabilidade de princípios, geralmente salta aos olhos os preceitos das primeiras revoluções burguesas, dentre eles: o princípio da liberdade e o da igualdade, este na perspectiva que então lhe fora atribuída.

Todavia, no decorrer do trabalho, destacou-se que Wallerstein os trata como irmãos inimigos, ou seja, irmãos rivais que caminham em diferentes direções. Isso não quer dizer que a igualdade se oponha à liberdade, pois só pode haver liberdade num sistema baseado na igualdade.[229]

O desenvolvimento do Estado de Direito, na Idade Moderna, sublinhando o racionalismo iluminista, levou à positivação do Direito e promoveu a segmentação das funções estatais, sob a perspectiva de sua especialização. Como consequência, o princípio da *separação dos poderes*; na verdade, também separou o Poder Judiciário, o processo e a própria jurisdição da ideia de justiça existente no direito romano clássico.

Desde este pressuposto, o que se pretendeu demonstrar, no transcorrer do texto, foi que as instituições e as funções estatais, bem como a sociedade em geral, permaneceram aprisionadas pelo paradigma racionalista e iluminista do século XVII e XVIII, o que dificultou, entre outros dramas e dilemas, o reconhecimento da diferença, a preocupação com o outro, o desenvolvimento da igualização e a inserção popular nos problemas do Estado.

Mesmo sabendo dessas dificuldades, acredita-se que a (re)construção de um sentido democrático de "novo tipo" para o direito constitucional e para a jurisdição constitucional pode servir de alternativa para se combater a concepção individualista atual.

---

[228] REICH, Wilhelm. *Escute, Zé-Ninguém!* São Paulo: Martins Fontes, 2001.
[229] WALLERSTEIN, Immanuel Maurice. *O fim do mundo como o concebemos...*, op. cit., p. 132.

É preciso assumir, com Castanheira Neves, que *a problemática do direito no nosso tempo não exprime senão uma dimensão da nossa própria problemática situação histórico-existencial; situação em que nós mesmos (...) nos pomos em causa até o limite.*[230]

Nesse viés, retomou-se algumas ideias voltadas para o desenvolvimento de condições de hospitalidade; reconhecimento das diferenças; estabelecimento de uma federação de Estados e, até mesmo, a possibilidade de formação de Constituições civis de Estados Republicanos, percebendo, com Canotilho, a possibilidade de um constitucionalismo integrado ou a ideia de interconstitucionalidade.[231]

É preciso reforçar a ideia de que a Constituição é o documento que expressa os anseios de determinada comunidade e tutela os valores que esta mesma comunidade postula. Daí ser necessário ao Poder Judiciário – como sistema de justiça – atuar em defesa dos valores democráticos e sociais presentes nos textos constitucionais estatais, para que seja possível aproximar a Constituição do povo e, ao mesmo tempo, lutar para que as "virtudes cosmopolíticas" sejam implementadas.

Dessa forma, apresentaram-se apenas algumas possibilidades de sentido – não se espera que sejam as únicas, nem as melhores – para a construção de jurisdições constitucionais democráticas.

Estas, baseando-se no respeito e na tolerância para com as diferenças, talvez implementem uma utopia, ou passem do sonho à realidade, se constituindo e desconstituindo, no que Antonio Negri denominou de desutopia constitutiva.

Nessa perpectiva, também, talvez o Direito Constitucional continue a fazer história, como uma (trans)disciplina dirigente.

---

[230] CASTANHEIRA-NEVES, A. *O direito hoje...*, op. cit., p. 17.
[231] CANOTILHO, JJ. *"Brancosos...*, op. cit.

Anotações finais

Após esse itinerário, orientado na Parte 1 pela relação simbólica entre constitucionalismo e cidadania – em que se buscou demonstrar o percurso da cidadania no Brasil e sua evolução conjunta com a própria história das Constituições brasileiras – e na Parte 2, pelo enlace em torno dos princípios da liberdade e da igualdade, a fim de se possibilitar melhores condições para a construção de jurisdições constitucionais democráticas – é preciso assumir o risco e esboçar algumas assertivas sobre as alterações que giram ao redor de conceitos como constitucionalismo e cidadania, bem como dos vínculos que ligam estas mesmas premissas à liberdade e à igualdade, influenciando diretamente na atuação dos sistemas de justiça – apresentados sob o formato da função jurisdicional do Estado e, em particular, das jurisdições constitucionais contemporâneas.

Nesse sentido, na esteira de Norberto Bobbio, assumimos, neste trabalho, que liberdade e igualdade são valores que servem de fundamento à democracia. Ainda, segundo este autor, entre as muitas formulações possíveis de democracia, uma delas – a que leva em conta não só as regras do jogo, mas também os seus princípios inspiradores – é a determinação segundo a qual a democracia é não tanto uma sociedade de livres e iguais, justamente porque tal sociedade é um ideal-limitado, mas uma sociedade regulada de tal modo que os indivíduos que a compõem são mais livres e iguais do que em qualquer outra forma de convivência.

Neste sentido é que Bobbio pôde afirmar que a *(...) maior ou menor democraticidade de um regime se mede precisamente pela maior ou menor liberdade de que desfrutam os cidadãos e pela maior ou menor igualdade que existe entre eles.*[232]

---
[232] BOBBIO, Norberto. *Igualdade...*, op. cit., p. 8.

Ocorre que mesmo que liberdade e igualdade sejam metas desejáveis genérica e simultaneamente, tal não significa que os indivíduos, por vezes, não busquem objetivos distintos e, mesmo, outras tantas, diametralmente opostos, como mandar e obedecer retratando um quadro de hierarquia e disciplina.

Entretanto, existem diferenças entre os valores da liberdade e da igualdade e aqueles, do poder e da hierarquia.

Os primeiros, mesmo que sejam de mais difícil concretização do que os segundos, não são contraditórios, ainda que – de fato – na realização prática dificilmente possa ocorrer que todos sejam igualmente livres e livremente iguais. Ao revés, é contraditório imaginar uma sociedade na qual todos sejam poderosos e/ou ocupem o mesmo nível hierarquicamente falando.[233]

Embora a busca por uma sociedade formada totalmente por cidadãos livres e iguais ainda não conheça nem tempo, nem lugar, não se realizam elucubrações sobre sociedades ideais sem interrogar essas mesmas metas como objetivos a serem perseguidos a partir de acordos prévios inscritos nas Cartas Constitucionais que estão na base dos atuais Estados Democráticos.[234]

Sendo assim, e, sobretudo, diante das dificuldades na e para a realização de tais objetivos político-jurídicos, ganha importância o papel dos sistemas de justiça e, particularmente para o que aqui interessa, das jurisdições constitucionais contemporâneas, quando as mesmas têm atuado – na perspectiva neoconstitucional – como *loci* privilegiados para a proteção, promoção e implementação dos princípios e garantias constitucionais que estão nos fundamentos e nos objetivos dos nomeados Estados Democráticos de Direito, recorrendo, inclusive, a novas formas de participação popular nos processos de controle de constitucionalidade, pondo em prática, no contexto da função jurisdicional, o princípio democrático em sua vertente atual – como democracia participativa.

Para tanto, a título de exemplificação, na experiência brasileira, pode-se citar o instituto do *amicus curiae* – que se caracteriza por ser um instrumento em que outros interessados (que não estão presentes na formação inaugural das relações processuais)

---
[233] BOBBIO, Norberto. *Igualdade*..., op. cit., p. 9.
[234] Ibid., p. 10.

podem intervir no processo para fazer ouvir sua voz e seus argumentos – e as *audiências públicas*[235] –, sendo estas reuniões públicas pontualmente designadas para se escutar pessoas e entidades especializadas, que podem contribuir para a formação das respostas na tomada das decisões pelo Supremo Tribunal Federal.

Dessa forma, em um período marcado por alterações globais irreversíveis, que modificam irremediavelmente as estruturas e instituições político-jurídicas modernas, em particular, para o aqui debatido, do constitucionalismo, da política (da democracia e da cidadania), mostra-se necessário (ainda) a defesa do papel estatal, da função jurisdicional e dos sistemas de justiça constitucional como espaços de possibilidade de e para uma ação democrática efetiva e transformadora, assumindo, para tanto, aqui também, a necessária confluência e concretização de valores próprios às formas e as fórmulas da democracia contemporânea.

E, por isso mesmo, a liberdade como um estado e a igualdade como uma relação entre cidadãos, seja uma perspectiva a ser pleiteada não apenas pelas pessoas individualmente consideras, mas pelo ideal cosmopolita de respeito e tolerância entre seres humanos que (con)vivem, senão no mesmo território jurídico/político, no mesmo tempo e espaço.

Porém, é preciso ter presente o quadro de dificuldades que se nos apresentam para alcançar tais fins.

Diante de um quadro de desfazimento da fórmula do Estado Social, seja por suas próprias insuficiências e crenças – inclusive nas potencialidades de uma racionalidade cientificista apta a solucionar todos os dilemas modernos e uma burocracia técnica pronta a dar respostas satisfatórias às demandas políticas –, seja pelas propaladas crises que se lhe abatem, o próprio constitucionalismo que lhe dá formatação vê-se, muitas vezes, constrangido

---

[235] Veja-se, para tal, o site do Supremo Tribunal Federal, em que consta a designação específica para *audiências públicas* e os processos, remetendo ao controle concentrado de constitucionalidade em que o instituto já foi utilizado, como por exemplo, a ADPF n. 54, envolvendo o debate sobre a antecipação terapêutica de fetos anencéfalos; a ADPF n. 101, sobre a possibilidade de importação de pneus usados e a ADIN 3510, que discutia a revogação dos dispositivos da Lei de Biossegurança. Consultar: BRASIL. Supremo Tribunal Federal. Audiências Públicas. Disponível em < http:// www. stf.jus.br/ portal/ cms/verTexto.asp?servico=processoAudienciaPublicaAcaoAfirmativa>. Acesso em 14 de dezembro de 2009.

e deslegitimado diante das disputas que se estabelecem entre a busca de efetividade da Constituição e as pautas estabelecidas pela perseguição da eficácia econômica, corriqueiramente veiculada a partir dos pressupostos de uma economia globalizada que, além de e porque transformada, se autonomiza das balizas do diálogo político (da democracia).

Para além, em um ambiente de risco crescente e globalizado, este mesmo *novo espaço econômico* projeta a ruptura completa do modelo de *solidariedade social* que orienta a fórmula do Estado Social – como aqui descrito rapidamente –, substituindo-o pela preocupação com a *segurança contra riscos*.

E, para proteger-se do risco natural ou criado a nova ordem é a segurança. Mas segurança contra o quê? Contra quem? Quando? Onde? Na dúvida, na ausência de um *sistema de definição, controle e gestão dos riscos*, erige-se a segurança como máxima. E, talvez, este seja apenas mais um risco...

Afinal, se uma Constituição *de valores* trazia o problema da atribuição de sentido à norma jurídica e sua concretização – ora tratado sob os auspícios da hermenêutica filosófica e, como aqui relatado, pela ação eficaz de um sistema de justiça constitucional "democratizado" –, uma sociedade de riscos põe a interrogação acerca da atribuição de sentido ao *paradigma da precaução*. Porém, se a política – como diálogo democrático – foi substituída pela economia – como monólogo da eficácia –, quem decide?

Esta resposta, parece-nos, continua sendo cativa do Estado Constitucional contemporâneo.

Outra resposta exigiria uma *outra sociedade*, sobre novas bases e, aí, não se sabe até que ponto as comunidades atuais estariam empenhadas em sua construção... mas para cujo projeto é necessária a dessacralização de alguns dos itens modernos.

Será necessário, como sugere Agamben, *profanar* a idealização dos *ícones modernos* – Estado Nacional, Constituição, Estado de Direito etc – para poder (re)construir um projeto de sociedade – uma sociabilidade – que venha ao encontro, inclusive, dos projetos destes mesmos *sagrados*... já que não há possibilidade alguma de se abrir mão daquelas que foram conquistas civilizatórias, mesmo em troca de promessas de um *mundo novo*, ainda não apresentado.

Referências

AGAMBEN, Giorgio. *Estado de Exceção*. São Paulo: Boitempo, 2004.

——. *Profanações*. São Paulo: Boitempo, 2007

ANDRADE, Paes. *História Constitucional do Brasil*. 3 ed. Rio de Janeiro: Paz e Terra, 1991.

ARENDT, Hannah. *A condição humana*, tradução de Roberto Raposo, 10. ed – Rio de Janeiro: Forense Universitária, 2003.

——. *Entre o passado e o futuro*. Trad. Mauro W. Barbosa. São Paulo: Perspectiva, 2005.

AVELÃS NUNES, António José. *Breve reflexão sobre o chamado estado regulador*. Revista Seqüência. N. 54. Florianópolis: Fundação Boiteux. p. 9-17

——. A concepção de estado nos fundadores da ciência econômica. In: COUTINHO, Jacinto Nelson de Miranda; BOLZAN DE MORAIS, Jose Luis e STRECK, Lenio Luiz (Orgs.). *Estudos Constitucionais*. Rio de Janeiro: Renovar, 2007, p. 47-70

BARRETO LIMA, Martônio Mont'Alverne. Constituição e Economia: como construir o mito da estabilidade democrática no capitalismo periférico. In: COUTINHO, Jacinto Nelson de Miranda; BOLZAN DE MORAIS, Jose Luis e STRECK, Lenio Luiz (Orgs.). *Estudos Constitucionais*. Rio de Janeiro: Renovar, 2007, p. 281-292

BARROSO, Luis Roberto. *Neoconstitucionalismo e constitucionalização do direito. O triunfo tardio do Direito Constitucional no Brasil*. Disponível em: <http// www. http://jus2.uol.com.br/doutrina/texto.asp?id=7547>. Acesso em: 27 set. 2007.

BASTOS, Celso Ribeiro. *Curso de direito constitucional*. 20. ed. São Paulo: Saraiva, 1999.

BAUMAN, Zygmunt. *Em busca da política*. Trad. Marcus Penchel. Rio de Janeiro: Jorge Zahar, 2000.

——. *O mal-estar da pós-modernidade*. Rio do Janeiro: Jorge Zahar, 1998.

——. *Globalização: as conseqüências humanas*. Rio de Janeiro: Jorge Zahar, 1999.

——. *Modernidade líquida;* tradução Plínio Dentzien. Rio de Janeiro: Jorge Zahar, 2001.

BEILHARZ, Peter. Globalização, bem-estar e cidadania. In: *Revista Técnica*. Rio de Janeiro, 2001, p. 177-205.

BERCOVICI, Gilberto. A problemática da Constituição dirigente: algumas considerações sobre o caso brasileiro. In: *Revista de Informação Legislativa*. Brasília a. 36 n. 142 abr./jun. 1999.

——. *Desigualdades Regionais, Estado e Constituição*. São Paulo: Max Limonad, 2003.

——. *Dilemas da Concretização da Constituição de 1988* – Revista do IHJ, n. 2/2004.

BOBBIO, Norberto. *Estado, Governo e Sociedade*. São Paulo: Paz e Terra, 2003.

——. *Igualdade e Liberdade*. Trad. Carlos Nelson Coutinho. Rio de Janeiro: Ediouro, 1996.

——. *O futuro da democracia*. São Paulo: Paz e Terra, 2000.

BOFF, Leonardo. A violência contra os oprimidos. Seis tipos de análise. In: *Discursos sediciosos*. Rio de Janeiro: Relume-Dumará, 1996.

BOLZAN DE MORAIS, Jose Luis. *As crises do Estado e da Constituição e a transformação espacial dos direitos humanos*. Col. Estado e Constituição n. 1. Porto Alegre: Livraria do Advogado, 2002.

——. *Costituzione o Barbarie*. Lecce: Pensa Editore, 2004

——. Crise do Estado, Constituição e Democracia Política: a "realização" da ordem constitucional! E o povo... In: *Constituição, Sistemas Sociais e Hermenêutica: programa de pós-graduação em direito da UNISINOS: mestrado e doutorado*. Orgs. COPETTI, André; STRECK, Lenio Luiz; ROCHA,, Leonel Severo; PEPE, Albano Marcos Bastos. Porto Alegre: Livraria do Advogado; São Leopoldo: UNISINOS, 2006.

——. *Do direito social aos interesses transindividuais. O Estado e o direito na ordem contemporânea*. Porto Alegre: Livraria do Advogado, 1996.

——. Do Estado Social das "Carências" ao Estado Social dos "Riscos". Ou: de como a questão ambiental especula por uma "nova cultura" jurídico-política. BOLZAN DE MORAIS, Jose Luis e STRECK, Lenio Luiz (Orgs.). *Anuário do Programa de Pós-Graduação em Direto da UNISINOS*. Porto Alegre: Livraria do Advogado, 2007

——. Afinal: quem é o Estado? Por uma Teoria (possível) do/para o Estado Constitucional. In: COUTINHO, Jacinto Nelson de Miranda; BOLZAN DE MORAIS, Jose Luis e STRECK, Lenio Luiz (Orgs.). *Estudos Constitucionais*. Rio de Janeiro: Renovar, 2007, p. 151-175

——. Crise do Estado, Constituição e Democracia Política: a "realização" da ordem constitucional! E o povo... In: COPETTI, André; STRECK, Lenio Luiz; ROCHA, Leonel Severo (Orgs.) *Constituição, Sistemas Sociais e Hermenêutica: programa de pós-graduação em direito da UNISINOS: mestrado e doutorado*. Porto Alegre: Livraria do Advogado; São Leopoldo: UNISINOS, 2006, p. 91-111.

——; STRECK, Lenio Luis. *Ciência Política e Teoria do Estado*. 6. ed. rev. atual, Porto Alegre: Livraria do Advogado, 2008.

BONAVIDES, Paulo. *Curso de Direito Constitucional*. São Paulo: Malheiros, 2003.

BRASIL. Supremo Tribunal Federal. *Audiências Públicas*. Disponível em < http:// www. stf.jus.br/ portal /cms/ verTexto.asp?servico= processoAudienciaPublicaAcaoAfirmativa >. Acesso em 14 de dezembro de 2009.

——. *HC n. 82. 424-2*. Disponível em: <http://www.stf.gov.br>. Acesso em: 05 set. 2007.

BRASIL. Tribunal de Justiça do Rio Grande do Sul. *Apelação Crime n. 70016241440* Disponível em: <http://www.tjrs.gov.br>. Acesso em: 15 set. 2007.

BUBER, Martin. *Eu e Tu*. São Paulo: Centauro, 2001.

CANOTILHO, J. J. Gomes. *"Brancosos" e Interconstitucionalidade. Itinerários dos discursos sobre a historicidade constitucional*. Coimbra: Almedina, 2006.

——. A *Governance* do terceiro capitalismo e a Constituição Social. In: CANOTILHO, J. J.; STRECK, Lenio Luiz (Coords.). In: *Entre Discursos e Culturas Jurídicas*. Universidade de Coimbra: Coimbra Editora, 2006, p. 145 – 154.

——. *Princípios. Entre a sabedoria e a aprendizagem*. Boletim da Faculdade de Direito. Vol. LXXXII. Coimbra, 2006. p. 1-14.

——. *Direito constitucional e teoria da Constituição*. 3. ed. Coimbra: Almedina, 1999.

——. *Direito constitucional*. Lisboa: Almedina.

CAPPELLETTI, Mauro. *O controle judicial de constitucionalidade das leis no direito comparado*. Porto Alegre: Fabris, 1984.

CARVALHO, José Murilo de. *Cidadania no Brasil: o longo caminho*. Rio de Janeiro: Civilização Brasileira, 2001.

CASTANHEIRA NEVES, Antonio. *Coordenadas de uma reflexão sobre o problema universal do directo – ou as condições da emergencia do directo como direito.* In: *Estudos em homenagem à Profesora Doutora Isabel de Magalhães Callaço.* Coimbra: Almedina, 2000.

———. *Questão–de-facto – questão-de-direito ou o problema metodológico da juridicidade. Ensaio de uma reposição crítica.* Coimbra: Almedina, 1967.

———. *O direito hoje e com que sentido? O problema actual da autonomia do direito.* Lisboa: Instituto Piaget, 2002.

CORRÊA, Darcísio. *A construção da cidadania. Reflexões histórico-políticas.* 2. ed. Ijuí: Editora Unijuí, 2000.

COUTINHO, Jacinto Nelson de Miranda (Org.). *Canotilho e a constituição dirigente.* Rio de Janeiro: Renovar, 2003.

CRUANHES, Maria Cristina dos Santos. *Cidadania: Educação e exclusão.* Porto Alegre: Sergio Antonio Fabris Editor, 2000.

DALLARI, Sueli G; VENTURA, Deisy de Freitas Lima. Reflexões sobre a saúde pública na era do livre comércio. In: SCHWARTZ, Germano (Org.). *A Saúde sob os cuidados do direito.* Passo Fundo: EDUPF, 2003.

DAVID, René. *Os grandes sistemas do direito contemporâneo.* São Paulo: Martins Fontes, 1996.

DE LUCAS, Javier. *El desafío de las fronteras: derechos humanos y xenofobia frente a una sociedad plural.* Madrid: Temas de Hoy, 1994.

DELMAS-MARTY, Mireille. *Por um direito comum.* Trad. Maria Ermantina de Almeida Prado Galvão. São Paulo: Martins Fontes, 2004.

———.*Três Desafios para um Direito Mundial.* Tradução de Fauzi Hassan Choukr. Rio de Janeiro: Lumen Juris, 2003.

DICCIONÁRIO contemporâneo da lingüa portuguesa. 4. ed., Vol. 4. Rio de Janeiro: Delta, 1958, consideravelmente aumentado e adaptado ao uso no Brasil.

DIMENSTEIN, Gilberto. *O cidadão de papel. A infância, a adolescência e os direitos humanos no Brasil.* 19 ed. São Paulo: Editora Ática, 2001.

DWORKIN, Ronald. *Uma questão de princípio.* São Paulo: Martins Fontes, 2000.

———. *A virtude soberana. A teoria e a prática da igualdade;* tradução: Jussara Simões. São Paulo: Martins Fontes, 2005.

ELSTER, Jon; SLAGSTAD, Rune. *Constitucionalismo y democracia.* Fundo de Cultura Económica: México, 2001.

FERRAJOLI, Luigi. *Diritti fondamentali.* Roma: Editori Laterza, 2001.

GADAMER, Hans-Georg. *Verdade e método I.* 5. ed. São Paulo: Vozes, 2003.

GARCÍA-PELAYO, Manuel. *Derecho constitucional comparado.* Madrid: Alianza Editorial, 2000.

———. *Las transformaciones del Estado Contemporâneo.* Madrid: Alianza Editorial, 1996.

GIDDENS, Anthony. *A terceira via. Reflexões sobre o impasse político atual e o futuro da social democracia.* Rio de Janeiro: Record, 1999.

GRONDIN, Jean. *Introdução à hermenêutica filosófica.* São Leopoldo: Unisinos, 1999.

HÄBERLE, Peter. *Libertad, igualdad, fraternidad. 1789 como historia, actualidad y futuro del Estado constitucional.* Madrid: Minima Trotta, 1998.

———. *Teoría de la Constitución como ciencia de la cultura.* Madrid: Editorial Tecnos, 2000.

HABERMAS, Jürgen. *Direito e democracia: entre facticidade e validade.* Rio de Janeiro: Tempo Brasileiro, 1997.

HARDT. Michael; NEGRI, Antonio. *Império.* 3. ed. Rio de Janeiro: Record, 2001.

HESSE, Konrad. *A força normativa da Constituição.* Porto Alegre: Sergio Antonio Fabris, 1991.

HOBBES, Thomas. *Leviatã, ou matéria, forma e poder de um Estado Eclesiástico e Civil*. Trad. Alex Marins. São Paulo: Martin Claret, 2003.

HOFFE, Otfried. *A democracia no mundo de hoje*. Tradução Tito Lívio Cruz Romão. São Paulo: Martins Fontes, 2005.

JULIOS-CAMPUZANO, Alfonso de. *La globalización ilustrada. Ciudadanía, derechos humanos y constitucionalismo*. Madrid: Dykinson, 2003.

JUSTIÇA GLOBAL. Disponível em: < http:// www. global.org.br/ portuguese/ damiaoximenes. html>. Acesso em: 15 out. 2007.

KRELL, Andreas J. *Direitos sociais e controle judicial no Brasil e na Alemanha. Os (des)caminhos de um direito constitucional comparado*. Porto Alegre: Sergio Fabris, 2002

KUHN, Thomas. *A estrutura das revoluções científicas*. 5. ed. São Paulo: Perspectiva, 2000.

LASSALLE, Ferdinand. *A essência da constituição*. 6. ed. Rio de Janeiro: Lumen Juris, 2001.

LEAL, Rogério Gesta. *Teoria do Estado. Cidadania e poder político na modernidade*. Porto Alegre: Livraria do Advogado, 1997.

LIPOVETSKY, Gilles. Pós-modernidade e hipermodernidade. FORBES, Jorge. In: FORBES, Jorge; REALE JUNIOR, Miguel; FERRAZ JUNIOR, Tercio Sampaio (Orgs). *A invenção do futuro: um debate sobre a pós-modernidade*. Barueri, SP: Manole, 2005, p. 65-78.

LOCKE, John. *Segundo tratado sobre o governo*. Trad. Alex Marins. São Paulo: Martin Claret, 2003.

MARRAMAO, Giacomo. *Dopo el Leviatano. Individuo e comunità*. Torino: Bollati Borinlhieri, 2000.

MATTEUCCI, Nicola. *Organización del poder y libertad. Historia del constitucionalismo moderno*. Madrid: Trotta, 1998

MONTESQUIEU, Clarles de Secondat, Baron de. *Do espírito das leis*. São Paulo: Martin Claret, 2002.

MOREIRA, Vital. O futuro da Constituição. In: GRAU, Eros Roberto; GUERRA FILHO, Willis Santiago. *Estudos em homenagem a Paulo Bonavides*. São Paulo: Malheiros, 2001, p. 313-336.

MORIN, Edgar. *Amor, poesia e sabedoria*. 4 ed. Rio de Janeiro. Bertrand Brasil, 2002.

MÜLLER, Friedrich. *Quem é o povo? A questão fundamental da democracia*. São Paulo: Max Limonad, 2000.

NEGRI, Antonio. *O poder constituinte – ensaio sobre alternativas da modernidade*. Rio do Janeiro: DP&A, 2002.

——; Hardt, Michael. *O Império*. Rio de Janeiro: Record, 2001.

NEVES, Marcelo Neves. *Entre Têmis e Leviatã: uma relação difícil. O Estado Democrático de Direito a partir e além de Luhmann e Habermas*. São Paulo: Martins Fontes, 2006.

OST, François. *Contar a lei. As fontes do imaginário jurídico*. São Leopoldo: Unisinos, 2004.

REICH, Wilhelm. *Escute, Zé-Ninguém!* São Paulo: Martins Fontes, 2001.

RIBEIRO, Renato Janine. *Ao leitor sem medo: Hobbes escrevendo contra seu tempo*. 2. ed. Belo Horizonte: UFMG, 2004.

ROBERTS, Bryan. A dimensão social da cidadania. In: *Revista Brasileira de Ciências Sociais*. nº 33, ano 12, fevereiro, 1997, p. 5-22.

ROCHA, Leonel Severo. Interpretação jurídica: semiótica, diferenciação e ação comunicativa. In: LEAL, Rogério Gesta; ARAÚJO, Ernani Bonesso (Org). *Direitos sociais e políticas públicas. Desafios contemporâneos*. Santa Cruz do Sul: Edunisc, 2001, p. 227-242.

——. O direito na forma da sociedade globalizada. In: *Anuário do programa de pós-graduação em direito. Mestrado e Doutorado*. São Leopoldo: Unisinos, 2001, p. 117-137.

ROTH, André-Noël. O Direito em crise: Fim do Estado Moderno. In: FARIA, José Eduardo (Org). *Direito e Globalização Econômica: implicações e perspectivas*. São Paulo: Malheiros, p. 15-27.

ROUSSEAU, Jean- Jacques. *Do contrato social*. Trad. Pietro Nassetti. São Paulo: Martin Claret, 2003.

SARLET, Ingo Wolfgang. *A eficácia dos direitos fundamentais*. 2 ed. rev. atual. Porto Alegre: Livraria do Advogado, 2001.

SCHWARTZ, Germano. *A Constituição, a literatura e o Direito*. Porto Alegre: Livraria do Advogado, 2006.

SEITENFUS, Ricardo; VENTURA, Deisy. *Introdução ao Direito Internacional Público;* 2. ed. rev. Porto Alegre: Livraria do Advogado, 2001.

SILVA, José Afonso da. *Curso de direito constitucional positivo*. 17. ed. São Paulo: Malheiros, 1999.

SILVA, Ovídio A. Baptista da. *Jurisdição, Direito material e processo*. Rio de Janeiro: Forense, 2008.

———. *Processo e Ideologia: o paradigma racionalista*. Rio de Janeiro: Forense, 2004.

SOUZA SANTOS, Boaventura. *Para uma revolução democrática da justiça*. São Paulo: Cortez, 2007.

SOUZA SANTOS, Boaventura. Por uma concepção multicultural de direitos humanos. Disponível em: <http// www. Dhnet.org.br/direitos/militantes/boaventura/boaventura_dh.htm>. Acesso em: 27 set. 2007.

SOUZA, Edson Luis André de. *Uma invenção da utopia*. São Paulo: Lumme Editor, 2007.

SOUZA, Jessé. *A construção social da subcidadania: para uma sociologia política da modernidade periférica*. Belo Horizonte: UFMG; Rio de Janeiro: IUPERJ, 2003.

STEIN, Ernildo. *Aproximações sobre hermenêutica*. Porto Alegre: EDIPUC, 1996.

STRECK, Lenio Luiz. Bases para a compreensão da hermenêutica jurídica em tempos de superação do esquema sujeito-objeto. *Revista Seqüência*. n. 54. Florianópolis: Fundação Boiteux. p. 29-46

———. *Hermenêutica jurídica e(m) crise. Uma exploração hermenêutica da construção do Direito*. 2. ed. rev. ampl. Porto Alegre: Livraria do Advogado, 2000.

———. *Verdade e Consenso. Constituição, Hermenêutica e Teorias Discursivas. Da possibilidade à necessidade de respostas corretas em direito*. 3.ed. Rio de Janeiro: Lumen Juris, 2009.

———. *Jurisdição constitucional e hermenêutica: uma nova visão crítica do Direito*. 2. ed. Rio de Janeiro: Forense, 2004.

TIMSIT, Gerard. La régulation. La notion et le phénomène. *Revue Française d'Administration Publique*, n. 109. 2004. p. 5-11

TOCQUEVILLE, Alexis. *A democracia na América: sentimentos e opiniões*. Livro II; tradução Eduardo Brandão. São Paulo: Martins Fontes, 2000.

VENTURA, Deisy. Hiatos da transnacionalização na nova gramática do direito em rede: um esboço da conjugação entre estatalismo e cosmopolitismo. In: STRECK, Lenio Luiz; BOLZAN DE MORAIS, Jose Luis [et al] (Org.). *Constituição, Sistemas Sociais e Hermenêutica*. Porto Alegre: Livraria do Advogado, 2008, p. 223-240.

VERDÚ, Pablo Lucas. *O sentimento constitucional. Aproximações ao estudo do sentir constitucional como modo de integração política;* tradução e prefácio Agassiz Almeida Filho. Rio de Janeiro: Forense, 2004.

———. *Teoría de la Constitución como ciencia cultural*. Madri: Dykinson, 1998.

VIEIRA, Liszt. Cidadania e controle social. In: PEREIRA, Luiz Carlos Bresser; GRAU, Nuria Cunill (Org). *O Público não-estatal na reforma do Estado*. Rio de Janeiro: Fundação Getúlio Vargas, 1999, p. 213-256.

——. Cidadania global, Estado Nacional e Espaço Público Transnacional. In: *Argonautas da Cidadania. A sociedade civil na globalização.* Rio de Janeiro: Record, 2001, p. 219-265.

——. Em torno do conceito de cidadania. In: *Argonautas da Cidadania. A sociedade civil na globalização.* Rio de Janeiro: Record, 2001, p. 33-89.

WALLERSTEIN, Immanuel Maurice. *O fim do mundo como o concebemos: ciência social para o século XXI;* tradução: Renato Aguiar. Rio de Janeiro: Renavan, 2002.

WARAT, Luiz Alberto. *Introdução geral ao Direito I.* Porto Alegre: Fabris, 1994.

WEFFORT, Francisco C. (Org). *Os clássicos da Política.* v. I e II. São Paulo: Ática, 1989.

ZALUAR, Alba. Exclusão e Políticas Públicas: dilemas teóricos e alternativas políticas. In: *Revista Brasileira de Ciências Sociais.* Vol. 12. n.º 35. out. p. 29-47.

ZIPPELIUS, Reinhold. *Teoria geral do Estado.* Fundação Calouste Gulbenkian: Lisboa, 1997.

Impressão:
Evangraf
Rua Waldomiro Schapke, 77 - P. Alegre, RS
Fone: (51) 3336.2466 - Fax: (51) 3336.0422
E-mail: evangraf.adm@terra.com.br